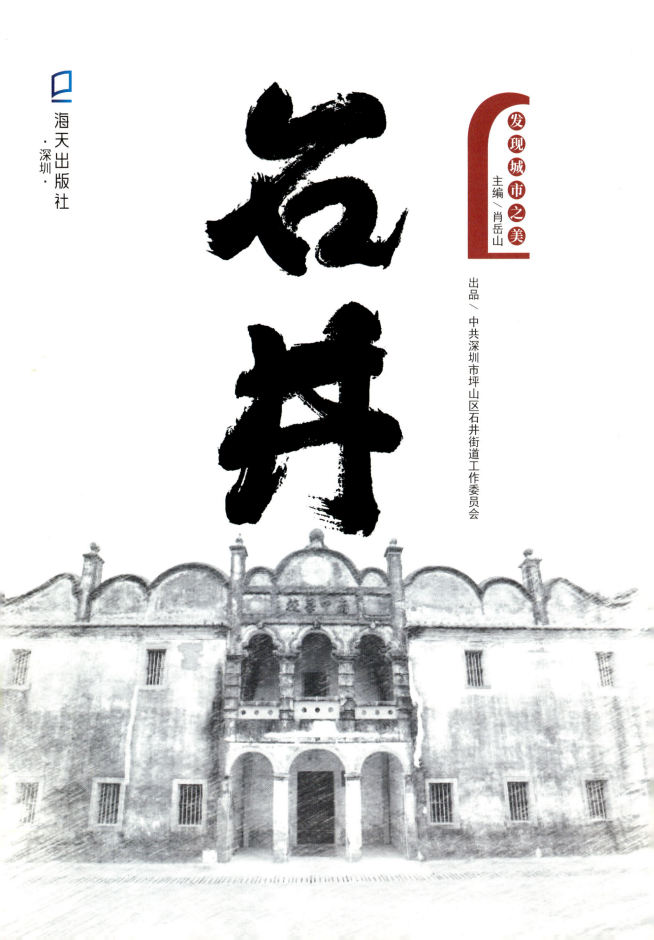

石井

海天出版社
·深圳·

发现城市之美

主编／肖岳山

出品／中共深圳市坪山区石井街道工作委员会

缘起

发现石井

　　深圳市坪山区石井街道辖区面积虽只有 36.52 平方公里，但它东临惠州、南望大鹏半岛，既是深圳市的东方桥头堡，又是坪山区的南大门，地理位置尤为特殊和重要。从明代开始，一批又一批的客家先民来到石井开创基业，这块贫瘠之地渐渐成为热土。

　　在华夏大家庭中，客家是一个神奇的民系。两千年来，客家人不断迁徙，不断发展，历史给了他们难以想象的艰辛与磨炼，也赋予了他们自强不息的禀性。石井人继承了先民的优秀基因，他们讲究诗书济世、耕读传家。在近四百年的时间里，石井的客家人创造了一系列的文化标签——以宗祠、围屋为代表的客家建筑文化，以茶粿、米酒为代表的客家饮食文化，以山歌、麒麟舞为代表的客家民俗文化……

　　客家人勤劳勇敢，敢于拼闯，他们的脚印远涉南洋，遍及世界。这些闯荡海外的客家人，在积累了大量财富的同时，也将国外的先进思想与文化带回石井，并融入客家文化中。石井的南中学校会源楼等古建筑，便是中西文化碰撞的体现。

　　二十世纪初期至中叶，革命的火焰燃遍大江南北。曾生带领的东江纵队，在坪山及香港一带开展革命工作。石井人积极投身革命，参加东江纵队，涌现出许多英雄。赖祥、赖章、彭导等东江纵队英雄们在抗日战争中抛头颅、洒热血，为民族解放做出了巨大贡献。

　　中华人民共和国成立后，石井人彭晓帆主持起草新中国第一部《农业税法》，成为新中国首位农业税专家。毫无疑问，石井将客家人能文能武的精神体现得淋漓尽致。

　　随着经济的高速发展，石井与时俱进，街景旧貌换新颜。李屋村经过改造之后，成为充满客家风情的小江南；田头山下的金龟露营小镇，正在以新面貌、新气象，吸引着一批批游客的到来。文与武结合，传统与现代结合，精神世界与物质文明结合，石井处处彰显出充满和谐与自信的大美。

目 录

C O N T E N T S

第一章

文化石井

邱氏炮楼。炮楼是客家文化的具象展示

客家文化，中华文化的瑰宝

客家文化是汉人南迁时，汉文化与当地文化不断融合、不断发展的产物。它以传统汉文化为主体，融合畲、瑶等土著文化，最终形成了多元的客家文化。

历史上，客家人经历了五次大迁徙。第一次是两晋时期匈奴、鲜卑、羯、羌、氐等少数民族入侵中原，中原地区的汉人南迁至长江流域；第二次是从唐代安史之乱开始，直至唐末黄巢起义，北方地区长期战乱，而赣闽粤相接的三角区相对安宁，于是大批避乱汉民迁居到这里，成为客家先民；第三次是两宋时期，北方少数民族入侵，朝廷南迁，一批汉民迁来赣闽粤三角区，与当地土著居民发生血缘上和经济文化上的交融，最终形成了客家民系；第四次是明末清初，此时闽西和粤东人口膨胀，加上清初颁布了"迁海令"，封锁沿海地区，通令沿海居民向内地挤压，人口与土地的再分配形成了尖锐的矛盾，于是一部分客家人只好携家出走，另谋出路；第五次则发生在近代，由于连年的战争，不少客家人从粤东闽西一带迁至沿海，也有一部分移居海外，在南洋等地谋取生路。

在不断迁移和长期的客居生活中，客家人逐渐形成了共有的人文精神，那就是：吃苦耐劳、勤俭创业、团结互助、勇于开拓，并具有较强的革命精神。

石井的客家人，是从惠州迁来。明末清初，彭氏、叶氏、邱氏等客家大族，在"迁海令"的逼迫下，从惠州迁到深圳及东莞一带。其中有部分客家人在石井落地生根，历经三百多年的发展，开枝散叶，成为现在的石井街道的主要原住民。石井人讲究诗书济世、耕读传家。因此，石井人才济济。在石井街道，有出过几十位教师的教师之村，有几百年来从无贪腐之人的廉政之村，也有以打篮球见长的体育之村，更有曾为东江纵队做出过巨大贡献的红色革命之村。这些特色村落，既是客家文化的体现，也是石井人文精神的展示。

红色文化，寻访东纵足迹

抗日战争时期，日军入侵华南，在惠阳大亚湾登陆，南粤地区沦陷。为了打击日军，保卫祖国，王作尧、何成等人组建了东宝惠边人民抗日游击大队。同年 12 月，又组建了惠宝人民抗日游击总队，由曾生任总队长。这两支人民抗日武装，便是东江纵队的前身。在抗战中，东江纵队逐渐发展壮大，由初建时的二百来人，发展到一万一千余人。这支队伍在华南敌后开展游击战争，转战东江两岸，深入港九敌后，挺进粤北山区和韩江平原，控制着数百里的海岸线和通往香港的交通要道。他们英勇地打击敌人，抢救了大批爱国民主人士、文化界人士、国际友人和盟军武装人员，成为威震南疆、蜚声中外的一支武装力量。他们开辟的华南战场成为"敌后三大战场"之一，朱德同志将东江纵队与八路军、新四军并称为"中国抗战的中流砥柱"。

石井三面环山，遍地生长一种浑身带刺的竹子，有些村子被包围在密密麻麻的刺竹中，极具隐蔽性，又加上有田头山作为屏障，在军事上进可攻、退可守。凭借良好的地

东江纵队休整时曾生居住过的老屋

东江纵队老战士何来生的证件和勋章

形条件，石井成为东江纵队的根据地之一。抗战时期，曾生曾数次驻扎在石井开展革命工作。在曾生的倡导下，石井人也积极参加了革命。据统计，抗战时期，石井有 77 人加入东江纵队，其中烈士便有 17 名。

　　石井为抗日战争的胜利作出了不可磨灭的贡献，也留下了许多革命遗址。漫步在石井，不需要特别的游览路线，只要留心那些久经沧桑的老屋，便时时都有历史扑面而来。细细品味，会感觉每段残垣旧瓦都印着岁月的痕迹，每条小巷和每扇窗户都在诉说着久远的故事，只要放慢脚步，静心聆听，就能感受到那段峥嵘岁月的壮美。在石井社区后面，有栋老屋，主体建筑已经坍塌，仅剩外墙。然而，它破败的外表，却掩饰不住那段光辉的历史。据当地人介绍，曾生在此屋居住过一段时间，对队伍进行整顿，使东江纵队成为一支军纪严明、极具战斗力的革命队伍。安利围屋的前面，有一排广府民居风格的老房子，曾经是东江纵队的印刷厂，许多革命标语和宣传资料，正是从这里传播出去。金龟社区的坪头岭村，建在半山腰上，站在村中，可以俯瞰整个石井。由于地势险要，易守难攻，坪头岭成为东江纵队一处重要的后防基地，东纵的医疗点和兵工厂，就建在这里。水源世居位于水祖坑村，有近两百年的历史，抗战时期，这座客家围屋成为营救文化名人的重要驻点，柳亚子、何香凝、廖仲恺等文化名人，都曾在这里生活过。

　　1945 年 8 月 15 日，抗日战争取得全面胜利，曾生被任命为华南抗日纵队的代表，接受了在广东的日军投降。当鲜艳的五星红旗在华夏大地上迎风招展时，曾生与东江纵队一起，被永久地载入那段光辉灿烂的历史，而石井，也增添了一抹灿烂的红色。

东江纵队印刷厂旧址

第二章

山水石井

田头山，户外穿越的考场

　　客家人信奉风水，在漫长的迁徙历史中，他们往往会根据风水来选择定居之所。客家人认为，山水秀丽之处，往往人杰地灵。三百多年前，清朝政府颁布了"迁海令"，客家人开始了历史上的第四次大迁徙。俗话说：靠山吃山，靠水吃水。有山有水的地方，就有人间烟火。客家人从惠州迁入深圳，选择在石井落地生根，与田头山有着密不可分的关系。

田头山下秀丽的田园风光

田头山海拔六百多米，因为靠海，所以看上去山势异常雄伟。田头山属田心山脉，这条山脉沿海岸线蜿蜒，横跨惠州与深圳，大小山峰共计有三十多座，峰峰相连，绵延起伏，就像一道海边的绿色屏障。

从三杆笔到田心山之间，有一条登山路线，被称为"三水线"，是深圳最经典的野外穿越线路之一，又称深圳户外毕业考试线路。该线路从金龟社区入口，有现成的登山道，约半米宽，由水泥台阶构成。

沿着登山道盘旋而上，开始入山。山道两边树荫浓密，鸟语花香。在登山道的前半段，有条清澈的小溪，一路相随，溪中流水潺潺，鱼虾嬉戏，水底的每一块石头，都经历了

田头山上的娇艳红花

上万年的流水洗刷，光洁如镜。若是晴天，阳光照在溪中，再由溪水反射上来，树林里一圈圈金光荡漾，会让人想起王维的诗句：返景入深林，复照青苔上。

沿溪而上，不到半个小时，溪流消失，树林却越来越茂密，让人有种进入了原始森林的感觉。山中空气清新，含氧量充足，让人神清气爽。据当地人说，山中有不少珍稀植物，田头山也因此被列为深圳市自然保护区。

从山脚到山顶，沿途有好几处休息点，摆着石桌石凳，供爬山的人途中小憩。其中有两座六角亭，为岭南风格建筑，一座叫健康亭，另一座叫长寿亭，代表着健康长寿的美好愿望。这两座亭子均是近几年所修。长寿亭建在山顶，是这条水泥登山道的尽头，站在亭中，举目四望，山底下的石井街道尽收眼底。饱览风光的同时，也让人深感欣慰：在日益密集的高楼之傍，还能有一方清山秀水作伴，对石井人来说，这无疑是上天馈赠的最好礼物。

通往田头山的石阶

金龟露营小镇，萤火虫之家

　　金龟社区四面环山，森林覆盖率达 93%，是天然的氧吧。在金龟社区周边众多的山峰中，有座山的外形神似金龟的肚子，当地人叫它金龟肚山，金龟社区的名字便是由此而来。由于远离闹市，金龟社区的很多土地尚未开发，到处是山水田园。社区内的一些

金龟露营小镇

村庄，依然保持着古朴的客家风貌，比如说同石村。同石村是一座具有近四百年历史的古村，位于田头山下，村中有数十栋客家风格的民居，错落地分布在几条巷子旁边。走在村中，那些幽深的古巷、高耸的碉楼、刻满时光印记的门窗、沧桑的老墙，以及老墙上那些四处攀爬的藤蔓和斑驳的青苔，都是那样地古朴和别致。村子旁边有条清澈的小河，叫金龟河。金龟河两岸树木葱茏，都是上百年的老树，浓密的树冠在空中相接，将河面盖住，河水便就此保持着清凉。黄昏来临时，缕缕炊烟从屋顶升起。斜阳外，流水

同石村一角

绕孤村，这时的同石村仿佛跳出尘世，走在这个古老的村庄里，你会发现时间也慢了下来。

金龟社区既有独特的自然风光，又有源远流长的客家文化，再加上此处是田头山的入口，可谓集众多宠爱于一身，极受户外活动爱好者的青睐。2013年，深圳绿野文化传播有限公司为户外休闲项目选址时，一眼就看中了这块山清水秀的地方。于是，一个以客家文化为底蕴，山水田园为依托的户外休闲场所——金龟露营小镇诞生了。时至今日，经过几年的发展以及不断改进，露营小镇已成为深圳营地生活体验的重要场所。

金龟露营小镇分为两大部分——民宿和营地。民宿设在同石古村内，那些古老的客家民居，被改造成了一家家客栈，以青砖黑瓦的风格，以及数百年沉淀下来的客家文化，迎接着南来北往的游客。每间客栈都有庭院，院中可以泡工夫茶，进行自助烧烤，以及

金龟露营小镇中的石条巷

组织小型聚会。露营小镇的营地建在村子旁边的一块凹地里，一眼望去，绿油油的草坪上，满地都是五颜六色的小帐篷。游客们在草坪上打球、散步，或者围坐成一圈聊天，其乐融融。草地旁边有一片垄状的菜园，园中长着各类蔬菜，这是青少年进行农作体验的成果。草坪的尽头，有个开口，走进去，别有洞天。里面是块葫芦状的草坪，草坪上有十几座用集装箱改造的营房，也叫绿野部落，是露营小镇最具特色的露营装置，分别以伊甸园、霍比特、一品堂、橘苑居、花隐坊等主题命名，给人无限的想象空间。不同特色的主题露营区，是金龟露营小镇的亮点之一，也是国内目前少有的独特露营模式。

古朴的房屋透着田园生活的惬意

有百余年历史的客家碉楼

墩子河湿地公园，安放在石井的地球之肾

　　水是文明的载体，且山与水从来都密不可分，客家人迁徙时，往往喜欢选择依山傍水的地方。俗话说，高山出秀水，石井有田头山，也有墩子河。这条养育了一方百姓三百多年的河流，就像条飘带，从石井街道穿过。河流一度干涸，经过大力治理之后，如今又焕发出勃勃生机。河道被拓宽了，河水重新畅流不息。河堤上，修筑了一条红色的步行道，旁边有栏杆一路相护。每隔一段距离，便有一座小桥连通两岸。走在河边，潺潺流水，九曲回廊，有种江南水乡的风味。

　　墩子河的一端是块湿地，夹杂在农田和高楼之间。远远看去，一汪汪清澈的水潭，如同大地上的珍珠，散落在丰茂的植被中。深圳四季如春，湿地也四季常绿。到了傍晚，夕阳斜照，水光潋滟，百鸟归巢，让人想起《滕王阁序》里的金句：落霞与孤鹜齐飞，秋水共

墩子河湿地公园

长天一色。

　　随着城市化进程的加快，对环境的保护也越来越重要，生态成为衡量一座城市是否宜居的重要因素。湿地是反映生态变化的晴雨表，与海洋、森林并称为地球三大生态系统。很多珍稀水禽的繁殖和迁徙都离不开湿地，因此，湿地被称为"鸟类的乐园"。此外，湿地还具有强大的生态净化作用，因而又有"地球之肾"的美名。作为改革开放的窗口，深圳寸土寸金，保留下来的湿地并不多，对于石井来说，能拥有这么一块宝贵的资源，这是上天对所有石井人的厚爱。

墩子河湿地公园中美人蕉开得正盛

古朴的木质凉亭供往来行人小憩

充满传说的"咸水湖"

　　在上屋村与下屋村后面,有一方湖泊,地处一片农田中间。湖的四周,有一圈不锈钢围墙,只有一道铁门进出,显示出当地人对此湖的重视。由于水源中断,湖已近干涸,湖底被水草覆盖,水草上有一层白色的结晶物。也许是结晶物发挥的作用,这些水草虽干枯已久,却仍保留着些许绿色,远远望去,湖中仿佛仍然装满碧水。这个湖叫"咸水湖"。咸水湖所在的村子也曾经因湖而得名咸水湖村,后来随着村子的不断发展,该村划分为上屋和下屋两村,这两个村共享着这一湖的风水。

　　咸水湖并不是自古就有,关于这个湖的来历有段传说。清乾隆年间,惠州有刘氏三兄弟,因遭受当地李姓家族的排挤,便从惠州迁到石井。刘家三兄弟中,大哥是个懒人,整天不务正业,游手好闲,荒度终生;老三也不是个安分的人,成天跑来跑去,最终跑

咸水湖

咸水湖边生长着许多芦苇，在风中摇曳多姿

去了江西，再没回来；只有老二刘元通是个本分人，来到石井之后，勤勤恳恳，靠做长工为生。后来，刘元通娶了个驼背妇女为妻，并得到女方家赠送的一亩水田和一头牛。如此一来，刘元通既成了家，又有了立业之本。俗话说，家有丑妻是一宝，在妻子的帮助下，刘元通不断开荒拓土，积累家业，并修建了祖屋以及刘氏宗祠。就在刘氏宗祠建成后的第三年，那块水田开始下陷，地下水涌出来，形成了一个小湖。这个湖起初叫红湖，后来，因为岸边常见白色晶体，当地百姓以为是盐，便改称咸水湖。

在过去的近三百年里，咸水湖养育着石井的一方百姓。据当地村民介绍，当年湖里的水未干时，湖中曾有一种罕见的小鱼，该鱼肉质鲜美，兼有海鱼和淡水鱼的特色。经专家研究，湖中的那些白色结晶物中，含有多种稀有矿物质，具有打造温泉的条件。或许，当咸水湖恢复水源时，石井将多一个美丽的温泉度假村。

咸水湖边水草丰茂

第三章

对话古建筑

/ 石井社区 /

饮三百年水，思石井之源

俗话说，水是生命之源，对于有着漫长迁徙历史的客家人来说，打井是他们必备的技能之一。所有的客家围屋中，都有一口甚至是好几口水井。客家人讲究风水，遵循天方地圆之说，因此，在客家围屋中，往往天井为方形，水井则为圆形。

在石井社区办公楼后面，有一口三百多年的古井。古井四周有水泥砌成的方形护栏，为了安全，井口处用铁栅盖住，仅留一个方形小口，供村人取水。从铁栏往下看，可以见到麻石垒成的井壁，大小不一的石块紧密而有序地镶嵌着，显示客家人高明的镶嵌技术。井里的水清澈碧亮，可以看出这口井打得很深；而井壁上遍布的青苔，以及井沿上的绳索痕迹，则显示着它悠久的历史。

村里人介绍，这口井的年龄比石井这个地名还要大。二百多年前，彭氏祖先从惠州迁至石井，定居下来之后，马上打了一口水井。因这口井用石头垒成，村里人叫它石头井。石井这一地名，便是由这口古井而来。

在过去的几百年间，石井之水源源不断，滋养着一方百姓。后来，随着生活水平的

碉楼下曾有古井，1985 年左右被填平

提高，自来水通入村民家中，井水不再作为饮用水使用，这口井的供水功能日益淡化。但客家人向来知道饮水思源的道理，没有将古井废弃，仍然小心翼翼地保护着它。古井的旁边，有一棵三百多年树龄的老朴树，枝叶茂密，为古井增添了一片绿意和阴凉。这样的古树，在石井随处可见。也许，在客家人心里，树和井一样，是有灵性的。客家人对井和树的爱护，也反映了客家人的感恩之心。

石井社区古树名木保护牌

学名：朴树　　　　　　　别名：白麻子
科属：蔷薇科　　　　　　编号：SJ002
栽植时间：约1715年
管护单位：石井居民小组

石井社区工作站
2013年1月1日

石井街道古树之一

东纵整风点，老屋中的故事

　　在石井彭氏围屋旁边，有道石拱门。从拱门进去，是条两米宽的巷子。巷子两边，坐落着一些两层的客家民居，古香古色，青砖黑瓦之间，散发着浓浓的书香之气。据村民介绍，这条巷子里，一共走出过十几位人民教师，他们默默耕耘于三尺讲台，教书育人，为祖国建设输送了大量人才。

　　在这条巷子尽头，是一道斜坡，有一栋老屋坐落在斜坡上。老屋后面是座小山，山上古木参天，在浓密树荫的遮盖之下，老屋的位置显得极为隐蔽。该住宅建于清末民初，为彭启明所建，建成之后，屋主人便举家迁去了南洋，老宅一度空置。抗日战争时期，东江纵队进驻石井，曾生和一些东纵干部就驻扎在这座空置的老宅里。当时日军从大亚湾登陆，侵占并控制了华南，华南地区革命形势极为严峻。在这座老宅里，曾生对队伍

东江纵队整风遗址

东江纵队战士雕像

进行了整风，让一支民间抗日武装力量，变成了一支极具战斗力的革命队伍，在抗日战斗中立下赫赫战功，成为华南敌后战场的一面旗帜。

如今，老屋的主体建筑已经倾圮，只剩下屋顶和残破的外墙。墙上爬满藤蔓，紫色的牵牛花满墙开放，更加衬托出老屋的沧桑。尽管时光已逝，老屋面貌不复当年，然而，在断瓦残垣之中，我们似乎仍然能听到从那个战火纷飞的年代里传来的革命号角。

东江纵队整风遗址

彭氏围屋的侧门，岁月的痕迹斑驳可见

彭氏围屋，传承着千年祖训

　　彭氏围屋位于石井社区办公楼旁边，远远看去，白墙青瓦，古香古色。围屋的门前是个半月池，明晃晃的水面映着这座老宅的倒影。该围屋始建于1726年，距今有近三百年的历史。初建时，这座围屋规模宏大，面积有五千多平方米。后来，随着时光的推移，围屋被周围建筑侵蚀，面积逐渐缩减。1985年，彭氏后人集资重修了祖屋，修复之后的建筑，占地面积约一千两百平方米。围屋中央为彭氏宗祠，两侧为住宅。宗祠正厅挂有一副楹联："绍篆袭远接庐陵三及第，恢先绪近承浦口五将军。"祠堂由外入内，有两块匾额，分别是"彭氏宗祠"和"兰桂腾芳"。在石井社区办公楼的会议室内，还保留了两副一直沿用的对联，分别是"商贤世泽，宋史家风"和"荆树有花兄弟乐，书田无税子孙耕"。

　　据记载，石井彭氏先祖为北宋一代名官彭延年，曾任潮州刺史八年。在任期间，他减赋税，修筑韩江堤，治水救灾，抗击海盗流寇，身先士卒，立下很多功绩，深得潮汕百姓的拥戴。宋神宗知道他的政绩后，召他回朝任大理寺正卿。临行之时，潮州百姓为了感其恩德，不停挽留，"老幼遮道涕泣"。后人也给予彭延年极高的评价：剔奸辨冤，秉公执法；赈灾祛弊，复业重农；修武御寇，平乱决胜。时光流逝，彭延年二十四世子孙彭鼎纲于康熙年间移居惠阳县坪山，其子俊荣迁居石井。扎根石井后，彭氏族人一直以彭延年制定的家训为准则，清廉重教，代代传承。中华人民共和国成立以来，彭氏家族走出了多位厅级干部以及多任石井村书记等基层父

彭氏家训

祠堂正厅挂有一副楹联："绍箕裘远接庐陵三及第，恢先绪近承浦口五将军"

母官。他们个个为官清廉，石井也因此被誉为廉政之村。

许多年来，彭氏子孙一直视彭氏宗祠为精神家园，每年大年三十和大年初一，彭氏村民会去祠堂烧香祭祖。祭拜时，首先在祭台布置酒、肉、茶果等祭品，接着村民上香，跪拜祈祷，敬茶敬酒，焚烧冥币、元宝，燃放鞭炮。此外，石井村还有点灯节的习俗，每年农历正月十五，在这一年里生了男孩的家庭，会去祠堂挂一盏走马灯，向祖先报喜，祈求祖先的庇佑。

彭氏围屋侧面

彭导故居墙上的烈士牌

烈士故居，铁血精神

从安利围屋左侧的一条小路往前走约五十米，可以看到一条小巷。在小巷的右边，有一栋古朴的老宅，白墙青瓦，掩映在两棵大树下的一片绿荫之中。老宅内大部分房屋已经拆除，仅剩下一门一院，在两旁现代建筑的衬托下，显得异常孤冷。这栋老宅的主人早已搬走，现在租给了一户外地务工人员居住。进门之后，是个前厅，里面摆着几样简单的家具。穿过前厅，是一个小后院，后院内有个房间，门上挂着一块写有"革命烈士"的牌子，这就是革命烈士彭导的故居。

彭导生于石井，长于石井。作为客家人，彭导身上有着客家人的勇敢与血性。1938年，日军从大亚湾登陆，入侵华南。在此形势下，东江纵队成立了，由曾生担任总队长，以坪山为根据地，开展革命工作。作为坪山的辖区，石井也成为革命根据地之一。曾生率部数次驻扎石井，在此发展革命力量。在曾生的号召下，石井的一批热血青年积极投身革命，彭导就是其中之一。那一年，彭导加入了游击队，成为东江纵队的一员。由于作战英勇，这位年轻人很快就被提升为小队长，屡立战功。在一次战斗中，彭导身先士卒，不幸英勇牺牲，成为革命烈士。如今，硝烟与战场已经远去，但烈士的英魂与铁血精神，永存于和平时代，成为后人学习的榜样。

彭导故居

安利围屋，典型的客家建筑

安利围屋位于石井村 27-4 号，是典型的清代中后期的客家建筑。这座围屋背靠一座小山丘，面朝惠州，所处地势较高。往前方远眺，可以看到笔架山，山脉绵延起伏，一大片平坦的农田延伸到山脚，像本打开的书。客家建筑讲究风水，笔架山代表开门见山，书形农田则代表耕读传家。

安利围屋建于清代中期，由彭姓四兄弟齐心协力所建造。初建时，围屋为三厅两井

俯瞰安利围屋

安利围屋主体建筑保持完整

结构，左右各有一座炮楼。如今，两百多年过去了，安利围屋的主体建筑依然保存完整，而左右两边的侧屋大多数已经破败，有的仅剩下墙体。值得一提的是两座炮楼，左侧的炮楼宏伟壮观，保持着初建时的样子，而右侧炮楼的二层增加了一圈栏杆。据村人介绍，匪患消失之后，这座炮楼改成了藏书楼，可见客家人对书籍和知识的重视程度。正因如此，在这座围屋中，曾经出过三位校长，其中有一位在马来西亚的一所华人学校里担任校长，把教育事业发展到了海外。

鼎盛时期，安利围屋中曾住了几十口人，后来，随着彭氏子孙的外迁，围屋内的住户逐渐减少。如今，围屋由一位八十多岁的高龄老人看护着。老人年岁虽高，却耳聪目明，身体健朗。他每天会到围屋里走走，打扫一下卫生，让围屋保持清洁的同时也有了人气。从正门进去，围屋内有两块匾额，前厅为"旭日东升"，中厅为"万福临朝"。后厅则摆着一张神案，神案上方挂着彭氏先祖彭延年的画像。屋内保存下来的石雕木雕虽然不

安利围屋前的客家民居

多，但工艺十分精巧，尤其是墙上的花窗，具有浓郁的客家特色。花窗中间是方形钱眼，四角是喜字，寓意着一金带四喜，财源滚滚。此外，围屋中还存有一些陶器、石器以及木制的家具，打制年代均为清末民初。

在安利围屋的前面，还有几排白墙黑瓦的客家民居，其中有一栋曾经是东江纵队印刷厂所在地，为宣传革命作出了贡献。这些民居，是安利围屋中的彭氏子孙所建。当围屋中的彭氏家族越来越庞大时，住房开始紧缺，于是一些彭氏子孙从围屋中搬了出来，在外面建造了这些住房。从外观上来看，这些民居虽然还保留着客家风格，但已经不再是传统的围屋结构。这也体现了客家人与时俱进的一面，当时代不断向前发展时，客家人慢慢接受了广府文化的渗透。

安利围屋左侧坚固的炮楼

老屋村彭氏宗祠

　　老屋村是个历史悠久的村子，最初的名字叫三井。明末清初，彭氏两兄弟从外地迁来三井定居，共同修建了一座祖宅。因这座祖宅修建年份很早，被当地人称为老屋。后来，三井划分为三个村，老屋便作为地名，成为三村之一。

　　彭氏两兄弟当年所建的祖屋，就是现在的老屋村彭氏宗祠。老屋村彭氏宗祠是石井彭氏的祖祠，始建于清代初期，占地面积约四百平方米，建筑格局为三进两天井，宗祠设在中间，住房设在两侧。从功能上来看，老屋村彭氏宗祠跟石井其他宗祠一样，为祭祖与住家两用。这也证明了对于石井的客家人来说，祭祖不仅仅是种仪式，还是他们生活中的一部分。1985 年，在香港、南洋等地创业的彭姓后人回到老屋村，带头发起捐资重修宗祠，使这座老宅在一定程度上恢复了原貌。

老屋村彭氏宗祠建于明末清初，已有三百多年的历史

老屋村彭氏宗祠为三进两天井格局

老屋村彭氏宗祠寝厅神龛

　　彭氏宗祠既承载着客家人的宗族文化，也承载着彭氏子孙的宗族信仰。彭氏宗祠内代表性的楹联有"传述风徽流万世，拓开企业住千家""商贤世泽，宋史家风"代表性的匾额有"入孝出弟""述古流芳""肯构肯堂"。此外，由彭氏先祖彭延年所制定的《延年公家训》和《鉴派后裔家训十则》，也镌刻在宗祠中，让彭氏子孙时刻铭记。在宗祠的前厅，有一面三门的屏风，中间为大门，左右两边为小门。据村人介绍，彭氏子孙进入宗祠祭祖时，只能从左边的小门进右边的小门出，中间的大门则常年紧闭，只为尊贵的客人打开。在这块屏风前面，各摆有两排长凳，为停放临终前的老人所用。按照客家人的规矩，人在死后，是不可进入宗祠的。因此，老人临终之前，必须先抬入宗祠停放，男性放在左边，女性放在右边。在宗祠的右侧，有道拱门，通往一间杂物房。杂物房中存放着上千只二十世纪六七十年代的青花瓷碗，供村里人办红白喜事使用。每年农历正月初一早上，在村长的带领下，全村的彭氏子孙都会到宗祠拜祭——带着三牲、水果、素菜，在祖宗牌位前上香，烧纸钱，放鞭炮。拜祭结束后，再一起到酒楼聚餐。

老屋村彭氏宗祠精致的木雕

会源楼，客家人闯南洋的历史记录

　　会源楼位于李屋村的一块荒地中，紧挨石井湿地公园，敦子河从旁边蜿蜒流过。这座有着近两百年历史的围屋远离喧嚣，似被世人遗忘。也许正因如此，这栋久无人烟的老宅才得以保存下来。会源楼尽管破败，但气势犹存，远远望去，整座围屋有如一座城堡——高高的外墙将院子围住，外墙顶端被一层绿色藤蔓覆盖，院内古树参天，繁茂的枝叶伸出墙外。围屋的四个角上，各立炮楼一座，威风凛凛地镇守住这座古老的院落。炮楼的墙顶，有精美的壁画和雕饰。

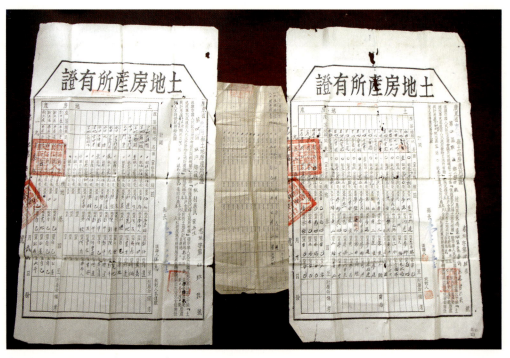

会源楼的房产证明，发于1953年

曾经风光无限的会源楼

从外观上来看，会源楼既有客家围屋聚族而居的特点，又装点了许多当时南洋流行的建筑元素。

由于长时间无人打理，围屋前的半月池已经干涸，长满杂草。穿过灌木丛，到达正门。正门为拱形，在石井的客家民居中，这种拱门较为少见，门框由麻石构成，门楣上雕刻的"会源楼"三字异常醒目。从门框与墙的嵌接处可以估算出，外墙的厚度至少在六十厘米以上。如今正门已经被红砖封死，只能从右边的侧门进入围屋。围屋满地断瓦

如今，曾经气派的会源楼已与草木融为一体

残垣，杂草丛生，已经没有几间完整的房屋。然而，尽管年久失修，建筑大多破败，但从墙体的分布，依然可以看出会源楼初建时的规模——在这座围屋里，大大小小的房间有近百间。

据当地人介绍，会源楼为叶崑泰所建。清末民初，叶姓三兄弟从淡水迁至李屋。起初三兄弟很穷，建不起住宅，连生存都成问题，无奈之下，被迫去了南洋。到南洋之后，三兄弟先在一座矿山里挖矿，慢慢积攒了一些资本，便买下了一座矿山，从事矿业生意，并由此发家。有了钱后，三兄弟选择衣锦还乡。回国后，他们各自建了一栋大屋，分别叫会源楼、会水楼、会滟楼，三楼分处三地，规模和布局却完全一致。

奇怪的是，叶崑泰虽然建了如此大的一座住宅，但他的子孙后代却并没有成为当地的旺族。原因是会源楼遭过一次洗劫。俗话说，树大招风。这座围屋建成之后，引起了附近一伙土匪的关注。土匪组织人马，对会源楼进行攻打，想入院抢劫，但叶家凭借围屋坚固的防御体系，抵挡住了土匪的数次攻势。无奈之下，土匪想了个办法，派人化装成乞丐，混入会源楼中，趁叶家人防犯松懈时，打开大门。土匪蜂拥而入，抢走了十几筐银元，将会源楼洗劫一空。叶家从此没落，会源楼也跟着慢慢破败。

会源楼的雕花木梁

会源楼内的"司命公"神位

岭脚村何氏宗祠

岭脚村何氏宗祠

　　岭脚村何氏宗祠是一座保存完整的古建筑。何氏宗祠位于岭脚村一角，前方有个宽大的半月池，用一圈不锈钢的栏杆护着，池中蓄水十分充足。在客家建筑中，半月池是住宅的重要组成部分。半月池既是风水池，又具防火功能。半月池的大小，往往跟围屋的大小相匹配，由此可见，何氏宗祠在初建时规模很大。这个半月池的前面，是片平坦的农田，站在宗祠前面，视野开阔，对面的田头山一目了然。

　　何氏宗祠始建于清代初期，距今有三百多年的历史。1992 年和 2015 年，宗祠相继经历了两次重修，主体建筑以及半月池都恢复了初建时的格局。在宗祠的右侧，有座院子，是何氏炮楼院。炮楼院与宗祠隔着一条古香古色的巷子，院中有两座炮楼，一前一后，高高耸立，与宗祠右后角的炮楼形成掎角之势，在方圆几十米的范围内没有防御死角。

　　进入宗祠，由前厅至后厅，挂有两块牌匾，分别是"立基堂""光前裕后"。祠堂大门挂有一副楹联："家传三桂，学贯六经。"正厅挂有一副楹联："祖德流源千载盛，宗枝奕叶万年兴。"宗祠的门窗和天井都保存完整，天井两边的墙上绘有精美的壁画，既生动又富含美好的寓意，体现了清代客家人在建筑工艺上的高超水准。

岭脚村何氏宗祠寝厅神龛

　　作为岭脚村何氏一族的祭祖之地，这座宗祠使用率很高。每年的大年三十、大年初一和大年初二，何氏族人会在这座宗祠中祭祖，连续祭拜三天。祭拜时，场面隆重，祭台上摆放着酒、肉、茶果等祭品，全村何姓子孙进入宗祠内，集体上香，跪拜祈祷，敬茶敬酒，焚烧冥币、纸元宝，燃放鞭炮，以此来表示对祖先的怀念和尊重。此外，岭脚村仍然保留了"添丁点灯"的习俗，每年农历正月十五，当年生了男孩的家庭会去宗祠里挂一盏走马灯以向祖先报喜。

岭脚村何氏宗祠与炮楼间的小巷

何氏炮楼

九厅十八井的新浦世居

明末清初，黄姓先祖从惠州迁至坑梓草堆岭。经过几代人的发展，黄氏家族靠买卖田地发家致富，成为当地旺族。清代中期，草堆岭的围屋已经住不下整个家族，为了更进一步发展，一支黄姓人由草堆岭迁至岭脚村。相传在当初分家时，黄家以铁铲分银，用马车拖至岭脚。凭着雄厚的财力，这支黄姓人在岭脚村修建了石井规模最大的一座围屋——新浦世居。

新浦世居始建于清代嘉庆年间，初建时，格局为九厅十八井，占地面积近万平方米，院内共有房屋数百间。世居的正门由三层麻石垒成，厚达 1.5 米，门框上方刻有"新浦世居"四个大字。外墙用泥、沙、麻石夯筑，厚达 1 米，在客家建筑中，如此厚实的外墙很少见。

据当地人说，在外墙的顶端，曾建有一条跑马廊，宽达 1 米。一般来说，跑马廊多见于客家土堡中，根据冷兵器时代的守御特性设计，用于增强战斗时的机动性。

土楼与土堡是客家建筑中的两样瑰宝，两者的区别在于，土堡中有跑马廊，土楼则无此设置。在新浦世居中，设置了这样的一条跑马廊，证明了黄家财力雄厚，也体现了客家人在迁徙历程中磨炼出

新浦世居正门

来的戒备与谨慎的心理。围屋由土楼进化而来，但新浦世居的建筑特点则吸取了土楼和土堡二者所长，是两者的结合体，除了居家之外，还具有极强的防御功能。据村中老人介绍，当年日本人入侵，全村百姓进入新浦世居躲避，藏在跑马廊上。日军闯进村里，转了一圈，没发现人，就走了。因此，这条跑马廊保护着全村的百姓，安全地避过了日军的扫荡。

　　二十世纪中期，新浦世居做过养猪场，后来又被改为学校。改革开放后，围屋逐渐空置，里面的住户相继外迁。如今，这座有着近三百年历史的围屋已经破败，院内已无住户，房屋所剩无几。那些坍塌房屋所在的地方，被开辟成了菜地。四座炮楼也伤痕累累，据说鸦片战争时期，它们曾经被焚烧过。所幸的是，围屋的外墙和门前的半月池保存完好，让人依稀可以看到这座大宅的昔日风姿。围屋内有一座高大的石坊，与正门相对，上面刻着"云蒸霞蔚"四个字。2012 年，新浦世居被坪山新区列为不可移动文物。

石坊上刻有"云蒸霞蔚"四字

新浦世居内与正门相对的石坊

新浦世居航拍照片，从"九厅十八井"格局可见往日规模

草埔紫阳世居

在草埔村的主马路边，有一座小门楼，上方书有"紫阳世居"四个大字。门楼后面是座小院，院内的三角梅长得十分旺盛，紫红色的花朵成团成簇，密密麻麻，从墙内一直开到墙外。院门口有条麻石铺成的石板路，一直延伸到院中的主体建筑前面，也就是朱氏宗祠的大门。

清代晚期，朱氏一族从竹坑石湖迁入草埔，定居下来之后，朱姓人举全族之力，修

建于晚清的紫阳世居

紫阳世居内的天井

建了这座居家与宗祠为一体的住宅。这座大宅的外墙是五层厚实的青砖，三层直砌，另两层以四十五度角夹于三层之间，形成鳞状的装饰，线条生动，极富层次感和流动感。从外墙的结构和装饰上来看，晚清时期的客家建筑已从土石混合结构转化为青砖结构，且没有设置炮楼，这种建筑更为坚固，同时在外观上也美观了许多。这座紫阳世居距今已有一百五十多年的历史。

二十世纪六十年代，紫阳世居曾经作过村里的牛舍，到七十年代，又作为村里的文化室使用。1988 年，朱氏族人筹集资金，重修了紫阳世居的主体建筑。这座饱经风霜的老屋焕然一新，又重作为朱氏宗祠。重修后的紫阳世居占地面积约三百平方米，三进两井格局。宗祠的大门口贴有一副楹联："沛国家声远，鹅湖世泽长。"前厅和后厅均有一块匾额，正反面分别书写着："旭日东升""万福朝堂""兰桂腾芳""万古流芳"。每年正月初一和正月十五，本村的朱氏子孙以及从外面归来的游子，都会在此祭祖，场面十分热闹。

黄氏炮楼院，千年上马诗

　　1796年，一支黄姓村民从江边村迁到望牛岗定居。他们是江夏黄姓的后裔，宗族文化源远流长，其中影响深远，也最有名的是黄姓一族的《祖训歌》。唐朝末期，黄氏先祖峭山公送儿子到外地谋生，临别前，以歌送行。后来，黄姓子孙根据歌词，编成了一首《祖训歌》。在此后的一千多年里，这首《祖训歌》陪着黄氏子孙不断迁徙，成为黄姓宗族特有的认宗诗。

黄氏炮楼上的方孔炮眼（上）和圆孔炮眼（下）

黄氏炮楼院左侧巷道

这首诗犹如一组特殊的文化密码，凡黄姓族人，无论身处何方，只要能背得这一"密码诗"，便可认祖归宗，会被视为同宗兄弟，得到族人的关照。黄姓的这首认宗诗，分为外八句与内八句。外八句，就是当年邵武禾坪黄氏大始祖黄峭山公送别诸子的那首别子诗，又称"上马诗"。这首诗在民间流传有多个版本，但内容大同小异。望牛岗《黄氏族谱》中记载的全文是：

> 信马登程往异方，任寻胜地振纲常。
> 足离此境非吾境，身在他乡即故乡。
> 早暮莫忘亲嘱咐，春秋须荐祖蒸尝。
> 漫云富贵由天定，三七男儿当自强。

来到望牛岗后，黄氏一族谨遵祖训，发挥吃苦耐劳、勤俭持家的精神，努力建设自己的家园。至清代中期，这个家族慢慢发展壮大，财力人力达到顶峰。他们所建的围屋，也成为望牛岗规模最大的建筑。因初建时后院设有两座炮楼，望牛岗村的人习惯将其称为黄氏炮楼院。在这座炮楼院中，曾经有数十间房屋，黄氏子孙在大院中安居乐业，开枝散叶。

改革开放后，炮楼院中的黄氏子孙陆续迁出，大院逐渐破落，现存下来的格局为三进两井。炮楼院的主体建筑保存较好，正面是朱漆大门。围屋左侧有条巷子，从巷子进去，可以看到后方的炮楼。两座炮楼中，有一座被白蚁所蛀，另一座的外墙

黄氏炮楼院正门

俯瞰黄氏炮楼院

上有多处发黑痕迹，据说曾经被大火焚烧过。

从正门进入院内，大部分房屋结构已经破败，但保存下来的房屋中，门窗设计别致，梁上的雕刻与墙上的壁画精美，显示着客家人的审美与建筑艺术。在后厅里，供奉着黄氏先祖的牌位，尽管院子早已无人居住，但黄氏子孙对祖宗的供奉从来都不曾中断过。2012 年，黄氏炮楼院被列为坪山区文物保护单位。

黄氏炮楼院古朴的屋檐

横塘观音娘娘庙

在横塘村西南方向，有座小山，山脚下有座亭子。亭子的正面，有一副对联：南海观音九品香，西方绿竹千年翠。横批是：佛光普照。亭子的中央，有个神案，案上摆满水果、小吃等供品。神案的后面，是一尊漆成金色的观音像，慈眉善目，端坐莲台，俯瞰众生，庇护着一村的百姓。除此之外，横塘村还有一座土地庙。有别于别的村落，逢年过节时，横塘村的人不拜宗祠，而是拜土地庙和观音庙。由此可见，这座观音庙在村民心中享有极其重要的地位。

据村里老人介绍，这座观音庙所供奉的观音娘娘，原型是一个叫简二妹的女子。简二妹原本是望牛岗人，成年之后，父母将她嫁到了

佛光普照

西方缘竹千年翠

南海观音九品香

功德箱

横塘观音娘娘庙

横塘观音娘娘庙中的观音像

横塘村。到了夫家之后，简二妹贤良淑德，勤于持家，又乐于助人，很快就获得了全村人的喜欢。有一天，简二妹在河边行走，看到水中有个形似骨灰盒的东西，便跳入河中捞取，谁知她的手刚碰到盒子，就昏倒在水中。幸运的是，落水之后的简二妹并没有被淹死，而是被水流冲到岸边。村民发现了她，赶紧将她救回家里。简二妹在床上躺了七天七夜，才醒过来。自此以后，她身上就有了一种神奇的能力，画符念咒，采集草药，为村里人治病，无不灵验。随着她救治人数的增多，村里人称其为救苦救难的观世音菩萨。简二妹去世以后，为了感激她的积德行善，横塘村全村人集资，以她为原型，塑成观音娘娘像，供全村人供奉。

龙塘世居内的麻石柱础

龙塘世居的烟火

清代中后期，高氏十三世祖高日勤、高日瑶、高日琳三兄弟从坑梓大窝迁至石井横塘村。定居下来之后，三兄弟齐心协力，建造了一座围屋，叫龙塘世居。初建时，这座围屋为三进两厅格局。因高姓一族人丁兴旺，龙塘世居经多次扩建，最终形成了主建筑带左右两进厢房的格局。

一百多年过去，龙塘世居已经失去了往日的风采。右边的厢房已毁，只有主建筑和左边的两进厢房保存下来。从正面看，主建筑与厢房之间，按从高到低的次序排列，很有层次感。

和所有的客家围屋一样，龙塘世居的主建筑是高氏一族的宗祠。高氏宗祠分别于 20 世纪 90 年代和 21 世纪初期重修过，外面的墙壁贴上了深红色

龙塘世居正门

嵌于墙内的家训碑

瓷砖，大门上方有"龙塘世居"四个大字。祠堂的正厅贴着一副楹联："龙塘世泽，渤海家声。"祠堂里还保存了一块族规家训碑，立碑时间是清朝宣统二年（1910年）。碑文的大致内容是要求高姓族人爱护祠堂卫生，保护好祠堂周围的树木，不可随意砍伐。一百多年以来，高姓子孙谨遵着这道祖训，对龙塘世居附近的树木呵护备至。在这座祠堂的后面，有好几株一百多年的老树，遮护着高姓族人的精神家园——龙塘世居。

龙塘世居的左侧，是两进厢房，为白墙青瓦风格。从门口进去，院内古香古色，一百多年前的生活场景扑面而来。两进厢房虽然没有经历过修复，但依然保存得很完整，居住在此的外来务工人员，将里面打扫得干干净净。屋前的空地被开辟成了菜园，里面种着各种各样的蔬菜，满园的绿色与这座老屋相映成趣，有种"采菊东篱下，悠然见南山"的田园味道。

龙塘世居内部

院中有院的石渠世居

在石陂头村，有座叫石渠世居的围屋，距今已有一百多年的历史。围屋的正面是一座小门楼，门楼上方写有"石渠世居"四个大字。从院门进来，可以看到三道麻石拱门。中间的正门最有气势，两边的门较小，为侧门。正门上原来雕刻有文字，只因长年雨水

石渠世居正面门楼

侵蚀，已模糊不清。在这三道拱门的后面，便是石渠世居的大院。

石渠世居建于光绪二十五年（1899 年），由石陂头村的黄姓家族所建。初建时，占地面积有四千余平方米，共有数十间房屋，屋屋相连。每间房屋都有两层，一层为厅屋，二层为阁楼，两层之间，以木楼梯相通，看上去古朴大方，极具客家特色。房屋中的红色窗花，历经一百多年，依然鲜艳如故。世居的布局完全对称，两侧是厢房，中间为宗

石渠世居斑驳的墙体

祠，保存较为完整。前厅到三厅之间有两个天井，从前厅至后厅屏风上方，分别挂有"居因业盛""燕翼贻谋""鸿图丕展"等清朝时期书写的匾额。

　　石渠世居属于炮楼院式围屋，初建时，围屋四角分别建有一座炮楼，用来保卫围屋的安全。院子后面的两座炮楼在抗日战争时期被日本人烧毁，焚毁的痕迹依然清晰可见。前面两座炮楼保存较好，炮楼上的老榕树，根须与炮楼已融为一体。在大院左边的侧巷里，有一口古井，据当地人介绍，这古井水质甘甜，附近的居民常来此打水。

石渠世居内院

/ 田头社区 /

西门门楼，
八大家族创田头的见证

在漫长的岁月中，一座座门楼或因年久失修而倒塌，或因改建而拆毁，留给世人的只有记忆的影像。见证了老围村先人八大家族创田头历史的老围村西门门楼，虽残破不堪，但仍靠几根石柱顽强地挺立着，在沧桑中留存下来。

老围村南靠田头山，北望大片盆地，因其得天独厚的地理位置，明代中期，从东莞迁徙而来的吴氏开基先祖一眼看中这里，揭开了老围村的历史篇章。

吴氏肇基百年后，又有陈、赖、张等八个姓氏的祖先先后来到这里择地而居。

位于老围村的西门门楼

西门门楼上的青藤，为门楼增添一丝生机

客家人秉承着温良恭俭让的处世哲学，八大姓氏和谐相处，人丁兴旺，最终形成了一个庞大的村落——老围村。

明末清初，社会动荡，盗匪四起。为抵御匪患，村民围绕老围村修建了一道长长的围墙，仅留东、西两座门楼，将八大家族围成铁桶一般。这两座门楼是老围村人日出而作日落而息的必经之路，老围村的岁月就在两道门楼下缓缓流淌了数百年。

随着社会的发展，大多数村民向往更广阔的居住空间，他们从围墙内迁出来，或将围屋进行改建，原来热闹的围屋渐渐空置。

上村吴氏宗祠

清代初期，田头最早的村落——老围村人口激增，土地日趋紧张。于是一支吴姓家族从老围村迁出，在其东南方开辟了另一个村庄。新村因为地势较高，又在老围村上方，于是取名"上村"。客家村落向来"族必有祠，以祀其先"，吴氏家族在上村肇基后的第一件事就是建造自己的宗祠，供奉先人。

上村吴氏宗祠面积不大，约二百平方米。隔着清澈的半月塘一眼望去，白墙青瓦，在一片现代居民楼之间显得古韵悠然。走进宗祠，"乐善"匾额下的中门紧闭，只有旁边两道侧门供人行走。

在祠堂的门楣上，"延凌世泽，渤海家风"文字遒劲飘逸。"延陵"和"渤海"同为吴氏渊源，这副对联既是自述身世，也表达了对祖先的缅怀。穿过天井来到宗祠第三进，是摆放吴氏祖宗牌位的地方。这里是祖先的妥灵处，是宗族象

上村吴氏宗祠正面

征，也是祭祀的最重要场所。

吴氏宗祠在 1980 年和 2009 年各重修过一次。每年大年三十及正月初二，吴氏后人都会来到这里祭拜祖先。对他们来说，祖先既是骄傲，又是其精神支柱。他们在祭台布置酒、肉、茶果等祭品，轮流上香，虔诚祷告，在感恩祖先的同时也寄托了对美好生活的向往。

上村吴氏宗祠后墙

落雨的屋檐下，娇艳的小花顽强地开放着

马鞍岭村赖氏宗祠

在粤东大地上，几乎有客家人的地方就会有祠堂。作为客家文化信仰的载体，客家祠堂是了解客家文化的重要窗口。

赖氏宗祠位于马鞍岭一个山丘上，绿荫如盖的龙眼树与白墙黛瓦的祠堂相互映衬。经过 1987 年和 2015 年两次重修，赖氏宗祠的外观已焕然一新，完全没有旧时的模样，只有走进里面，才能感受到它建筑风格的古朴以及保留下来的构件历史的悠久。

清代中期，赖氏祖先从河源梅县迁徙到马鞍岭。他们在此开基立业，以举族之力建造了自己的宗祠。

赖氏宗祠

如意吉祥

子孙代代乐春风

宗祖年年降福泽

赖氏宗祠为"两进一井"格局

中恩常佑家宅旺

赖氏宗祠于 2015 年重修，内部焕然一新

赖氏宗祠面积不大，只有一百五十多平方米，分为两进一井。第一进待客，第二进供奉着赖氏先祖的牌位。每年春节，赖氏后人就会来到这座宗祠拜祭先祖。他们精心准备好鸡、鱼、果品等祭品和香纸蜡烛，虔诚地作揖祷告。这种隆重的祭祖仪式，一方面为表达崇祖敬宗之情，另一方面则可以联络族人感情。

除了祭拜祖先，宗祠还是族人商议重大事件、举行重要仪式的场所，在客家社会中发挥着不可替代的作用。虽然赖氏宗祠面积不大，但它的大堂、天井，布局巧妙采光充足，最大限度地释放了空间。显然，建造者考虑到了族人聚会的需求。几百年来，赖氏家族就在这方天地里讨论族内大事，教育子弟，将勇于开拓、不断进取的客家精神代代相传。在近代，马鞍岭赖氏涌现出一大批爱国志士，比如东江纵队的赖祥、赖章、赖连等，他们抛头颅洒热血，为民族解放事业做出了巨大贡献。

毫无疑问，赖氏宗祠并不是一座简单的古老建筑。它蕴含着丰富的文化内涵与时代精神。可以说，不了解赖氏宗祠，就无法了解马鞍岭，无法了解激荡岁月中的赖氏英豪。

赖氏宗祠寝厅神龛

新曲村中的世居

明末清初，田头老围村人口激增，人多地少的矛盾日益突出。这时，一支吴姓家族从老围村迁出，来到东边的曲坑岗开地立村，即是现在的新曲村（中华人民共和国成立后，村民希望村子焕然一新，于是将村名改为"新曲"）。

几百年来，吴、赖、谭、陈等姓氏祖先扎根在新曲的土地上，辛勤耕耘，传承着厚重的客家文化。

蒲田世居

作为新村的肇基者，吴氏祖先迁到新曲后的第一件大事便是建造一座集居家和供奉先祖于一体的家族式围堡。这座围堡便是蒲田世居。在漫长的岁月中，蒲田世居作为民居和祠堂合二为一的建筑，曾发挥了巨大的作用。

蒲田世居经历了很多次改造甚至重建，如今面积只剩下 160 平方米，失去了居住功能，成为一座纯粹的祠堂。它的建筑格局为两进三厅，正门上方石匾上阳刻"蒲田世居"几个遒劲大字，无时无刻不在传达一个信息：他们的祖先来自哪里。

走进蒲田世居大门，一块"渤海家风"的匾额出现在眼前。为了将优良传统代代相传，先祖们可谓用心良苦，他们在祠堂

蒲田世居为吴姓族人建造，"渤海"为吴氏堂号

"三进两井"格局的蒲田世居

最显眼的地方放置这些牌匾，是为了警示后人，这是他们代代相传的处世之道，也是他们在乱世之中的生存哲学。跨入第二进，迎面是一块"桂馥兰馨"的牌匾。最后一进是吴氏的绍箕堂。"绍德宏模迹着清河光祖业，箕裘呕绪宗功远庆振家声"，这更多是先祖对后人的一种祝愿与厚望：希望吴氏子孙能不断提升自身修为，创造自身的社会价值。

先祖牌位前的案台上，布满了灰尘，香炉里有许多没有烧尽的香烛，长短不一。根据客家人的传统，每逢重要的节日，这里一定人声鼎沸，子孙后代们不约而同地相聚在这里，每一次叩拜，都是对先人最好的告慰。

蒲田世居寝厅神龛

"天井"有收纳雨水之用，为聚财纳福之地

曲岗世居

吴氏在新曲开基立业后，结束了颠沛流离的生活，他们拓荒种地，日子渐渐安稳。赖姓、陈姓、谭姓等姓氏也先后来到了这片土地上。其中，以赖氏最为富庶，他们建造的曲岗世居无论占地规模还是豪华程度，在当地都首屈一指。

曲岗世居始建于清代中期，规模宏大，建筑精致，曾在田头名盛一时。即便在两百

建于清朝中期的曲岗世居

曲岗世居正门

曲岗世居内的匾额

多年后的今天，曲岗世居尽管主体建筑有些残破，但气势依旧，仍是当地少有的保存相对完好的古建筑。

　　走进曲岗世居，经中门，可见一个用麻石条围成的方形天井。虽然整座建筑经过多次重修，但天井依然保持了原来的样子。无论是广府文化、潮汕文化还是客家文化，天井都是整座建筑风水的核心，在房屋建立之初，它的位置、尺寸、用料等就已经确定下来。天井四周是对称的厢房，这样的设计同时满足了采光和空气流通的需要，实现了居住的舒适性。

　　在一侧的厢房中，至今还保留着两块牌匾，一块是"颍川世泽"，另一块是"松郡家风"。颍川和松郡是中国古地名，为赖氏发祥地。无言的牌匾，总是在默默地告知后人，无论去到什么地方，无论在何地生根，那个遥远的故乡，都要牢牢记在心中。

曲岗世居寝厅神龛

田塘世居

田塘世居建于清代末期，它是新曲建造时间最晚、保存最完整的一座客家民居。

田塘世居占地五百多平方米。从看护世居的老人口中得知，原本祖先打算在两侧各建一座炮楼，但建完右侧炮楼后资金短缺，无法再建左侧炮楼。所以，远看田塘世居，外墙以白色为主，它一头高，一头低，远远看去，如同一匹昂首阔步的白马。

高耸的炮楼有三层楼高，顶层采用硬山式屋顶，四周墙上设置了竖形炮眼，既可以瞭望外面情况，又能射击，还能避开子弹的攻击，集居住和防御于一体。

建于清朝末年的田塘世居

田塘世居正面上方绘有彩画，技艺精湛

田塘世居内悬挂的先祖像和挂钟

田塘世居建筑格局为两进一井，上下各五间。大堂内高悬"渤海家风"牌匾，让前来祭拜的子孙后代时刻记住自己的故乡。第二进的墙壁上挂满了谭姓先祖像，告知后人，谭姓才是世居的主人。

这里还有一个小故事。吴氏祖先吴永高在惠州府当官，与一位谭姓人交好。后来这位谭姓人来到新曲村，娶了吴永高的妹妹为妻，繁衍生息，形成了一个大家族。因此，吴谭两族百年交好，"有吴姓，必有谭姓"。

走出田塘世居，正面是一口半月形的水塘，可洗涤，可养鱼，还能用于救火。客家文化中认为，有水的地方就有财，"塘之蓄水，足以荫地脉，养真气"。

作为中原文化与沿海文化融合的产物，新曲客家世居是珍贵的客家文化遗产。

勃海家風

田塘世居内部

马鞍岭客家民居

　　不同于传统客家土楼、围屋的磅礴气势，马鞍岭民居为客家排屋建筑样式。它在结构上讲究和谐对称，家家户户并排建屋，左邻右舍墙瓦相连，既具有防御功能又注重个体私密。这是大山里的传统土楼与沿海气候环境的一次深度交融，从此客家建筑不再只是高不可攀的碉楼土堡，还包括亲近自然的低矮排屋。

马鞍岭客家民居，建于清乾隆年间

马鞍岭客家排屋，建筑样式整齐对称

在历史上，马鞍岭客家排屋远近闻名。它前有风水塘，中间有空旷禾坪，四周种植芭蕉，加上雕梁画栋，诗情画意，美不胜收。然而，经历两百多年的历史风雨和时代变迁，如今它已显得破败不堪。走进民居群，在一片年久失修的排屋中可以清晰地看到它们呈"非"字形状排开——中间是道路，两边是一列列屋舍。杂草在房间内生长，藤蔓在屋顶上蔓延，曾经人烟鼎盛的旧宅正在被自然侵蚀。

从这片客家民居走出了一大批东江纵队的英雄。第五团副团长赖祥，中队长赖连，第一大队副队长赖章，战士赖彬、赖娇、赖桂。他们在这片土地上抛头颅、洒热血，为民族解放做出了卓绝的贡献。

马鞍岭客家民居是客家物质文明和精神文明的珍贵遗产。

被草木吞噬的马鞍岭客家民居

/ 田心社区 /

叶氏宗祠，田心肇基见证者

在深圳客家人聚集的片区，有村庄就有祠堂，是为"族必有祠"。新联村位于田心正中心，是最早肇基的村落。

新联立村先祖为叶姓，六百年前，河南叶县一支浩浩荡荡的队伍在南迁旅程中被洪水所困，其中有一家，三兄弟商议之后决定就此分别，各奔前程。他们中一个叫叶培初的人带领家眷向东来到惠州，之后又迁到汕尾海丰，最后西迁来到了坪山田心。他站在高冈上俯瞰，眼前这片两山之间的谷地山水环绕，风水上佳，是一片适合耕种的处女地。叶培初当即决定在这里安家落户，开创属于他们的基业。

稳定下来的叶氏家族秉承着客家人敬宗穆祖的传统，建造了一座宗祠，即新联叶氏宗祠。这座叶氏宗祠成为了叶氏家族血缘和感情的纽带。

无法得知叶氏宗祠曾经有多辉煌，经

叶氏宗祠全景

叶氏宗祠正门

过几个世纪的历史风雨，如今它仅剩下三百平方米。青色的瓦和灰白的墙，让这座古老宗祠看上去俨然一幅水墨画。大门上是一副格外显眼的暗红楹联："南阳世泽，西楚家声。"这副楹联告诉世人，叶氏始于楚国，是南阳的名门望族。寥寥数字，不动声色地述说着叶氏变迁和发展的历史。

与通常的两进或三进的祠堂不同，叶氏宗祠是四进三井的高规格建筑格局。经2015年重修，原貌仍然较为完整。清幽的天井，雕花的横梁，朱漆的屏风，书法遒劲的匾额，叶氏先人的审美令人赞叹。宗祠的最后一进是叶氏的祭祀场所，供奉着叶培初的牌位。每到拜祭祖先的日子，叶氏后人在此济济一堂，表达对祖先的感恩与敬仰。

叶氏宗祠侧面

许氏之根，高阳世居

六百多年前，叶氏在新联肇基，比之稍晚的是许氏。带着武夷山下客家血统而来的许氏在这里开枝散叶，很快，许氏大宅——高阳世居在新联村崛起了。

相传在战国时期，许国被楚所灭，其流亡子孙以国为氏，遂为许姓。这支许氏后裔迁到高阳，从此高阳便成为了许氏郡望。流徙岭南的许氏先人以"高阳世居"命名自己的大宅，高阳世居成为许氏后人敬祖穆宗的符号。

许氏宗祠（即高阳世居）

许氏宗祠的格局为"三进两井"

曾经的新联高阳世居面积庞大，建筑恢宏，如今仅剩下三进两井几间屋子。从麻石砌成的大门进入，第一进、第二进都空空如也，只有第三进供奉着许氏祖先的牌位。历史变迁，物换星移，高阳世居也从显赫的家宅变成了许氏后人拜谒祖先的许氏宗祠。

在抗日战争时期，新联许氏走出了许焕光、许萧洪等东江纵队英雄儿女，他们抛头颅、洒热血，将敢为人先、怀国爱乡的客家精神一代又一代传递下来。每年春节前后是许氏宗祠最热闹的时候，从各地赶来的许氏子孙纷纷来到这里上香、祈祷。他们既是祭拜祖先，也是表达对许氏先烈的敬仰。

许氏宗祠寝厅神龛

建于清初的凤昇许公祠

对面喊村凤昇许公祠

田心对面喊村亦由许氏祖先肇基，村民至今仍以许姓为主。沿着村道进入对面喊村，一座古韵悠长的宗祠在一片高大龙眼树下散发出庄严的气势——这便是凤昇许公祠。

明代中期，叶氏祖先在田心肇基。后来的一个来自福建连城许坊村的许姓陶瓷商和叶氏通婚，做了叶家上门女婿。田心许氏由此发迹。关于许氏起源，还有这样一个故事：有一次，叶氏家族嫁女儿，由于代写请帖的先生因故无法赶来，叶氏先人十分焦急。这时，一个陶瓷行商从门前路过，便询问什么事。当得知叶氏苦恼后，陶瓷商便毛遂自荐，一口气把请帖全部写好了。这个陶瓷商名叫许庭聪，几年后，他娶了叶氏家族另一个女儿，由此揭开了田心许氏的历史篇章。

凤昇许公祠建于清代初期，是对面喊村仅存的一座宗祠。它占地五百平方米，分为三进两井。虽然年代久远，但许公祠保存得十分完整。从厚实的乌漆木门走进去，内堂和天井一字排开。第一、二进朱门古色古香，天井幽深，散发出悠

凤昇许公祠天井

凤昇许公祠寝厅神龛——怡谋堂

长的神韵；第三进则是摆放祖先神位的"怡谋堂"。神位两旁的堂联意味深长，曰"系脉逆高阳远承福建渊源久，裔承泰岳水龙聚族大振家声"。高阳是许氏得姓始祖许由的故乡，相传尧帝有意让位许由，但他高风亮节，坚决不受。由此可见，远走他乡的许氏后人从未忘记过祖先，一直恪守着扬德风、重孝义的祖训。

直到现在，对面喊村的许氏家族还保留着祭拜祖先的传统。每年春节，许氏子孙都会来到许公祠缅怀祖恩。

凤昇许公祠第三进内景

许让成故居

　　三百多年的村史中，客家人在田心社区对面喊村留下了众多建筑。遗憾的是，在时代滚滚向前的车轮碾压下，它们绝大部分被毁坏了。当然，这份名单中不包括大岭古山下的许让成故居。

　　从地图上看，对面喊村位于坪山的山间谷地。从主村道拐进一条羊肠小路，位于茂密树林环抱中的许让成故居就闯入视线。1920年，时年二十岁的许让成离开了他出生、成长的旧居赴香港谋生。十年后，许让成成为香港中华商会会董。

　　许让成践行着客家人衣锦荣归的传统，在广东修公路，搞建设，造福一方。抗日战争时期，他建立赈济委员会，广设救济站。抗战胜利后，他又组织难民救济会，施赈14

从天井处看许让成故居的碉楼

许让成故居正门采用的是有岭南特色的趟栊门

个月，接济难民 2 万多人。正是因为这份急公好义，常为社会公益奔走呼吁，许让成被香港人称为"火车头许让成"。

许让成故居大门采用的是岭南特有的趟栊门，也是防盗门。白天家里有人时，通常只关这道门。它由多根圆木做成，整体看上去就像一个大木框，左右推拉活动，既保证了室内安全又能最大限度通风透气。这在天气炎热潮湿的岭南沿海地区无疑极具实用性。

穿过趟栊门，故居里面豁然开朗。它以大堂为中轴，两边房间对称铺开。卧房、书房、厨房、餐厅，动线清晰，丝毫不显迂回。在风格上，外墙刚硬的故居，内部却彰显温柔雅致。故居有天井三个，遥想许家人春日烹茶秋来举樽，当年在这方天地里生活得怡然自得。

走出许让成故居，历史兴盛和眼前破败的落差让人顿感失落。是啊，随着急公好义的许让成消失于黄尘古道，这座老宅也失去了它的魂魄，逐渐为历史的长河湮灭。

许让成故居的厨房

精致的彩画和高耸的碉楼显
示着许让成故居当年的显赫

建于 1931 年的南中学校

坪山城市书房——南中学校

客家建筑以围屋、排屋和土楼为代表，追求气势、风水和防御性。但在田心对面喊村，却有一座具有浓郁南洋风格的建筑——南中学校。一道道拱门，一扇扇石窗，一个个堡顶，让它在这片客家土地上显得与众不同。

南中学校的建立源于一段奇妙的因缘。清末民初时期，对面喊村和相邻的树山背村结怨，两村村民老死不相往来。当时，两村各有一所学校，秀南中学与培中中学，都已年久失修。为了让两村化干戈为玉帛，1930年，对面喊村的许让成倡议两村共建一所新学校。在他的斡旋下，对面喊和树山背的许氏大家族达成一致。兴奋的许让成立即聘请香港建筑师设计学校图纸，快马加鞭送到了对面喊。最终，许让成捐资三分之一，另一个华侨捐赠七亩地，剩下的交由两村村民勠力同心筹款筹力。

1931年，新学校建成，原来的秀南中学与培中中学便弃用了。新校校名从两所学校中各取一字，命名为"南中学校"。就这样，一所学校团结了两村人。当时，学校落成后还有人赠了一幅意味深长的对联："两村敦睦干戈化玉帛，一堂明德新民止至善"。

南中学校内景

南中学校不仅建筑风格西化，在课程设置方面也与旧式私塾截然不同。它开设了地理、自然、美术、音乐、体育等课程，甚至还引入了篮球和足球，深受村民欢迎。南中学校走在了时代前沿，成为当时远近闻名的学校。

南中学校建成时，正是中国兵荒马乱的年代。但南中学校教室里的读书声从未间断，在校学生最多的时候达到三百多人。日军攻占坪山后，南中学子不畏惧，不莽撞。日本兵来扫荡，他们就躲到山上去，等日本兵走后又继续回来上课。

　　然而尽管南中学校底蕴厚重，但它同样难逃历史变迁所带来的伤痛。"文革"期间，南中学校被改名为"田坑学校"，刻着校名的匾额也随之被换。从此之后，它便日渐式微，后来，又因维修不便而迁往他处。曾经风光无限的南中学校走向了没落。

　　幸运的是，南中学校在人们心中的文化意义从未失去过光辉。近来，它被选为"坪山城市书房"的试点，恢复和注入了图书阅览、美术创作、学术交流等文化功能。每到节假日，就有村民和游客来到南中学校阅读和参观，感受它的底蕴和历史。这座八十多年的老建筑终于重新焕发生机，为田心、为坪山、为深圳增添了一处具有独特魅力的城市风景。

南中学校的书吧

南中学校后侧

逢山必有客，树山背村的世居

客家人有句俗话："逢山必有客，无客不住山。"从字面意思就能读出来，客家人对山有着特殊的感情，逢山必住。田心树山背村三面环山，因树木茂盛形成一面屏障而得名。因此这个地方得到了客家人的青睐。公元 1650 年左右，一支许姓家族迁移到此开辟新村。三百多年来，一代代的许氏族人在树山背建造了数不清的家宅府第，福田世居和谷田世居就是完整保存至今的代表。

福田世居

1875 年，许氏族人集体在树山背举行祭祖仪式，宣告福田世居正式动工。一座围龙屋就是一个客家大家庭的巨大堡垒，福田世居正是围龙屋结构。彼时大清帝国四处烽烟，盗匪猖獗，社会动乱不已。时代背景下的福田世居首要功能就是防御。所以它的墙壁高大笃厚，枪孔和炮眼遍布四方，再加上由大块麻石筑成的大门，整座大宅在晚清时期构成了许氏家族的一条钢铁防线。据许氏村民说，曾有一伙盗匪强攻福田世居，用尽一切手段后无

福田世居，建于 1875 年

福田世居内墙上的彩画

功而返。可见福田世居的坚固。

千余平方米的福田世居，保存得相当完整。斑驳的梁柱，灰暗的青石，幽深的天井，夕阳下残存的彩色壁画，外表看起来刚硬的福田世居，内里显示出柔情似水的一面。福田世居内设有厨房、卧室、大小厅堂以及水井、猪圈、鸡窝、仓库等设施，形成了一个自给自足、自得其乐的小天地。难怪面对盗匪围攻，许氏族人也能从容不迫地周旋和反击。

如今，许氏族人已经走出福田世居，走出铜墙铁壁的防线，走出树山背狭窄的山门，他们走向辽阔的世界和日新月异的时代。福田世居作为一道独特景观、一种文化遗产，兀自伫立。

福田世居正门

谷田世居

在树山背村，与福田世居成掎角呼应的是谷田世居。公元 1800 年，谷田世居先于福田世居半个多世纪开建。和这个"弟弟"一样，谷田世居也是围龙屋。它的面积超过三千平方米，花费许氏先人数年时间和巨资才得以建成。

客家围龙屋不论大小，大门前禾坪和半月池必是标配。禾坪用于晒谷、乘凉；半

谷田世居侧面

谷田世居正门

谷田世居门上挂着的门锁已锈迹斑斑

月池除了防火、防旱，还有风水的功能。从两百多年历史风雨中走过来的谷田世居，其禾坪和半月池早已被夷为平地，呈现在人们面前的是贴满现代瓷砖和刷上牛皮广告的外墙。

虽然谷田世居外观面目全非，但里面却保存得较为完整。谷田世居的建筑格局为三堂两横。上堂为门厅，也是待客厅；中堂居于中心，是家族聚会、迎宾待客的地方；最后为下堂，是供奉祖先牌位的地方。除了结构上的完整和协调外，谷田世居内部门廊、檐角等也十分精巧，集科学性、实用性、观赏性于一体，显出客家人出色的才华和审美。

照高星古

逐百福歲歲平安

走鴻運年年興旺

谷田世居古朴的木门

奋勇许氏，朝瓒公祠

客家人喜欢吃喜粄，尤其是为婚娶、添丁、满月等喜事而做的喜粄。但是这道象征喜气的美食却在田心树山背遭到"冷遇"，被改名为"高粄"。原来树山背开基立业者为许姓，在客家话中许、喜谐音，为避"亲者讳，贤者讳"，"喜粄"也就变成了"高粄"。

从喜粄到高粄的改名，反映了树山背村对肇基先祖许氏的尊敬与崇拜，也说明许姓为这个村最大的姓氏。根据客家人"族必有祠"的传统，树山背也一定有一座许氏宗祠。没错，它就是朝瓒公祠。

朝瓒公祠建于公元 1650 年。虽然经历过多次重修，但它始终保留着原始的三进两

朝瓒公祠

朝瓒公祠寝厅神龛

天井建筑格局。前两进为族人聚会活动的场地，第三进则是摆放许氏祖先牌位的地方。在神龛两侧，一副对联意味深长："系派逆高阳远承福建渊源久，宗枝垂泰岳近接田心世泽长。"树山背许氏的历史和未来，被浓缩在这二十四个汉字当中。

公元1475年，许氏祖先许庭聪从福建连城县迁移到坪山田心老围村，揭开了许氏家族在这片土地上全新的一页。许氏传到第八代时，老围村地少人多的矛盾日益凸显。此时，目光远大的许氏三兄弟——朝瓒公、朝瑞公、朝金公，率领各自的家眷在田心各开辟了一个新村落。其中，树山背的肇基者正是许朝瓒，朝瓒公祠就是后人为他设立。

屹立三百多年的朝瓒公祠记录了许氏一族的发源、变迁、荣辱，以及安身立命的价值观，在漫长的岁月中深深影响了许氏家族的每一个后人。它是树山背许氏的文化遗产，是客家文化的重要组成部分。

为善最乐，水祖新居

连绵起伏的田头山溪流资源丰富，水质优良。在密林深处，有一个溪水汇聚而成的水坑名为水祖坑。在客家人的传统观念里，有水的地方就有财。公元 1819 年，田心老围村一支叶氏家族看中了水祖坑山清水秀的环境，几兄弟举家迁到了这里，水祖坑村由此正式写入历史。安家立业，安家在前，立业在后。叶氏家族前脚迁到水祖坑，后脚便开始建造居所，同年，叶氏大宅——水祖新居建成。

两百年来，水祖新居就像低调的叶氏先人一样隐逸在田头山的茂林和云雾中。正因如此，它才得以在长达两个世纪的岁月里，免遭天灾人祸，保存得十分完整。远远望去，它最夺目的地方在于门前庞大的半月池，水面澄清。这个风水池塘面积甚至比整个水祖新居都要大。它横卧在老宅禾坪前，与水祖新居相依相存，也是田头山下一道秀美的风景。

走进水祖新居，青砖碧瓦，雕梁画栋，处处体现着客家人优雅内敛的审美情趣。这座占地面积两千

水祖新居全景

多平方米的老宅共分为九厅十八井，其建筑规格在整个田心首屈一指。当年，叶氏祖先叶雯忠在老围村行了大半辈子的医，积德行善，深受人们尊敬。后来，他建造水祖新居时很多人主动前来帮忙，分文不取。水祖新居不仅是叶氏开村的象征，更凝聚了人们对于叶氏祖先悬壶济世的尊敬。

叶氏族人一直将乐善好施、厚德载物作为自己的座右铭。在水祖新居内堂的两道屏门上都有匾额，分别镌刻"为善最乐""永思修慎"。这种传统、朴素的利他主义价值观是客家人走遍天下安身立命的根本。

曾经人声鼎沸的水祖新居经历两百年的历史变迁，如今，它的功能和使用价值发生了改变。每年大年初二，叶氏村民便会来到水祖新居祭拜祖先。他们在祖宗牌位前摆满鸡、鱼、肉、水果和客家茶粿等祭品，依次上香作揖，发愿祈祷。水祖新居就在这虔诚的祷告声中，由一个四世同堂的居所变成了具有信仰意义的水祖坑叶氏祠堂。

水祖新居内部

客家精神的代表——水源世居

　　清末民初时期，水祖坑叶氏一个叫叶生华的六岁孩童父母双双去世。举目无亲的他被迫跟着同村人南渡香港讨生活。童年的苦难没有打倒小生华，反倒磨砺了他的性格。叶生华从杂工开始做起，一步一个脚印，最终做到了船老大。在南洋行船多年的他，积累了丰厚财富。客家人向来有衣锦还乡的传统，1931年，叶生华回到阔别多年的家乡，建造了一座规模宏大的家宅——水源世居。

水源世居，建于1931年

水源世居正门，门楼上有矿粉彩绘《鹤鹿同春图》

　　水源世居背靠青山，北望田野。大门青石匾额上阳刻的"水源世居"四个字兼具古韵和气势，格外显眼。匾额旁边则是矿粉彩绘的《鹤鹿同春图》，以及唐代文学家刘禹锡的名作《陋室铭》。书画落款为民国二十二年（1933年），这意味着水源世居历时两年才竣工。这些字画穿越了八十多年风雨岁月仍然保存得如此完好，古人对作画原料的匠心追求真是令人叹为观止。

　　水源世居分为上下两层，楼上全部是客房，楼下则以聚会待客为主。由于叶生华长时间生活在香港、南洋，因此整座水源世居以近代的实用性为主。没有雕梁画栋，没有闲情小品装点，处处彰显简约之美。沿着砖木楼梯走上二楼，房间里空空如也。令人惊讶的是，虽然水源世居处于青山茂林中，但它的采光设计极为高超。光线从门、窗、透明瓦中照射进每间屋子，明亮而干净，丝毫看不出这是几十年无人居住的老宅。

　　位于山高林茂的水祖坑的水源世居还隐藏着一段封存许久的故事。

　　1941年，香港沦陷，滞留的中国文化名人成为日军大肆搜捕的对象。这时，位置隐蔽的水源世居成为了东江纵队营救文化人士的重要接待站。它先后接待过邹韬奋、茅盾、何香凝、柳亚子、廖承志的夫人经普椿，以及一大批美、英等籍的国际友人。此后的一段时间里，水源世居成为了中共党组织的秘密情报交通站，为游击队和中共地下党传送情报起到了重大作用。在革命运动洗礼下，世居主人叶生华的独子叶金安就这样参加了游击队。

　　抗日战争胜利后，因为和共产党的密切关系，在国共内战期间叶生华一家遭到了反动势力的攻击。每天晚上，流氓地痞就跑来朝水源世居扔石头，天井、窗户、瓦片被砸得满目疮痍，水源世居危在旦夕。了解到情况后，东江纵队惠阳大队大队长高健专门派了四名短枪队员来保护叶生华一家。从此，再也没有人敢来水源世居闹事了。

　　水源世居在风起云涌的中国近代历史中，留下了浓重的色彩。

水源世居内部

聚水为财，水田世居

在客家人的传统思想里，水不仅代表着天地之灵气，更代表了财气，所谓聚水为财。因此叶氏家族将自己的村庄叫做水祖坑，将建造的府宅叫做水祖新居、水源世居。1936年，水祖坑最后一座带"水"的大宅——水田世居拔地而起。

水田世居分为两层，以巨大青石作为承重墙，结构墙则采用客家传统的泥土、石灰、糯米浆混合而成的夯土。这种建筑式样提高了房屋稳定性，也能抵御海风侵蚀，保证了水田世居八十余年的稳固。在水田世居门楣上方，至今还保留着三阳开泰和福禄寿全的彩色壁画，这正是中国人对未来生活的美好期许。走进水田世居，里面格外宽敞，只是由于经年失修，已失去居住功能，成为屯放杂物的场所。

如果说水祖新居代表了勇于开拓，水源世居代表了敢为人先，那么水田世居则代表了叶氏家族吃苦耐劳的隐忍精神。这座占地两百多平方米的老宅采用砖木结构，兼顾美观与稳固，耗资相当惊人。为了建造家宅，叶氏主人一个儿子在坪山榨油，一个儿子经营猪肉铺生意。他们起早贪黑，十年如一日积攒的钱财全部用于建造新居。

水田世居向世人证明了隐逸在画卷中的水祖坑不仅有大自然的秀丽山水，更有客家人在此勤劳耕耘的人文遗产。

水田世居

兰亭世居，青山绿水中的叶氏人文遗产

　　田头山东西连绵起伏，南面阻挡着太平洋的暖湿气流，北面如同一道绿色绸带向田心铺开。当山脉延伸到新屋地时，被一座白墙黛瓦的建筑挡住了去路，这座建筑就是当地有名的"兰亭世居"。兰亭世居建于清代道光五年（1825年）。约六百年前，叶氏祖先从河南迁至田心老围，开枝散叶，不断发展壮大。传到第十代叶雯秀时，老围村人口饱和，用地紧张。于是，叶雯秀大胆地从老围搬出，带领家眷往南迁移。由于相对老围，这片土地为新居之地，遂取村名为"新屋地"。在新屋地落地生根后，叶雯秀很快建造了兰亭世居。

兰亭世居全景

仁立在半月塘前遥望，青山和绿水环绕着兰亭世居，兰亭世居如一块碧玉，被大自然小心地呵护着。叶氏祖先在建造兰亭世居时，对人文和自然之间的和谐之美早已成竹在胸。自然拱卫着建筑，建筑装饰着自然，营造天、地、人合一的人间大美。

经历近二百年的历史风雨后，如今的兰亭世居面积骤减，仅剩四百余平方米。在叶氏后人全部搬出后，它的使用价值也随之改变，由居所变成了宗祠，由家族亲情的衍生地变成了对先人的膜拜和对往后生活的祈福之地。每年大年三十和大年初二的早上，叶氏族人会相约来兰亭世居祭拜祖宗，辞旧迎新。每到这个时间段，这座大山下不食人间烟火的古宅就会张开怀抱，迎接虔诚的叶氏后人。这座大山下沉寂的古宅又一次显示它强大的凝聚力与热闹的氛围。

/ 金龟社区 /

半坝冯氏祖屋

半坝村坐落在群山之中，金龟河穿村而过，村中的房屋沿着金龟河两岸修建。村口有一座小桥，桥的一端是条公路，另一端是条绿荫小径。沿小径前行约五十米，走上一个斜坡，可以看见两株两百年古龙眼树，茂密的绿荫下面，笼罩着一栋灰墙黑瓦的老宅。老宅的右半部分为客家围屋风格，一座炮楼屹立在角上；左半部分则有点像岭南的骑楼，骑楼下面，摆放着古老的风车以及木座椅等老式家具。这栋老宅的建筑更具现代性，与传统的客家建筑有不小的区别。

冯氏祖屋始建于清朝末期，由冯氏兄弟所建。此时客家人正处于第五次迁徙之中，大量的客家人从南粤、福建一带漂洋过海，远渡南洋谋生。借此机会，冯氏兄弟看到商机，在海上行船渡客，积攒了丰厚的家业，回到半坝村之后，修建了这座祖屋。

初建时，冯氏祖屋占地面积约一千平方米，墙体由麻石及黄泥土混合筑成；外墙上的窗口开得很小，这样的窗口，既可以用于采光，又具备碉楼射击孔功能，可作防御之用。冯氏祖屋的正门框由二层厚实的麻石砌成，门楣处绘有壁画，栩栩如生。从大门进入屋内，依次是前厅、中厅与后厅。三厅之间，是两个天井。在中厅的两边，有两道拱门，分别通向两侧的厢房。祖屋内的所有房间均保持完好，正屋的前厅至后厅，依次挂有两块匾额："惟怀永图""履中蹈和"。

履中蹈和

冯氏祖屋影壁上的"履中蹈和"牌匾。"履中蹈和"意为：走路脚不要偏，做事要和为贵，做人要平和

如今，冯氏祖屋已无人居住，但屋内精美的书法、壁画、木质雕刻保存完好。这些细节显示出这栋老屋在初建时的品质，也向后人讲述着客家文化的厚重。近

冯氏祖屋墙缝中生长的绿色植物

冯氏祖屋内部的石拱门

年来，金龟社区利用山清水秀的自然条件，大力发展旅游事业。许多具有客家特色的民宿、农家乐如雨后春笋般出现。冯氏祖屋也与时俱进，经历了一次大规模的重修，旧宅的结构基本保持不变，但屋内的墙壁、地面、天花板、门窗等均修饰一新。可以想象，在不久之后，这栋老屋将迎来它的第二次风光。

冯氏祖屋，建于清朝末期

邱氏炮楼院，守护一方水土

对于客家人来说，炮楼既用于防匪，也是财富与地位的象征，因此，大型的客家围屋基本上都有炮楼守护。田作村地处山区，比较偏远，更容易受到土匪的侵扰，建造炮楼成了这里盖新房子的标配。据村里人介绍，在田作村内，原本有四座炮楼，以马路为界线，上下各两座，马路上面的两座为邱氏两兄弟所建，下面的两座为邱氏三兄弟所建。如今，上面的两座炮楼仅存一座，另一座改作他用。

下面的两座炮楼位于田作饭店旁边，与邱氏祖屋一起构成了邱氏炮楼院。邱氏炮楼院仍然保持着当初的模样。初建时，院中有房屋数十间。两座炮楼位于大院两侧，一左一右，守护着全院的安全。炮楼的四面开有小窗和射击口，外墙上绘有彩色壁画，顶楼四周的角上，各有一个悬挑的半封闭式角堡，俗称"燕子窝"。角堡内开设了向前和向下的射击孔，可以居高临下阻击进村之敌。在两座炮楼之间，还有一条专门的通道相连，类似于客家土堡中的走马廊，这条通道让两座炮楼在战斗时具有机动性。

时光荏苒，一百多年的时光一晃而过，邱氏炮楼院几经变化，仍然是田作村中最耀眼的建筑。

邱氏炮楼院

邱氏炮楼院内部

　　在邱氏炮楼院内还保存有十几间房屋，虽然无人居住，但院中的空地上种满了盆栽和蔬菜。这些绿色植物，让这座沧桑的老宅焕发着勃勃生机。院内有些房屋的墙壁上，可以看到一块块发黑的痕迹，据说当年日本人进村时，放火焚烧了这座大院，但由于构造坚固，大院并没有受到多少损毁。

保存完好的邱氏炮楼

金地古驿道，曾经的金银之路

　　金地村有一段断头路，路的尽头是个桥洞。从桥洞下面穿过，可以看到一段淹没在杂草中的青石板路，沿着金龟河往前，伸向一片树林。这段青石板路，便是金地古驿道。据介绍，这条古驿道始建于清朝道光年间，由葵涌潘姓家族出资修建。潘家有子通过科举取得功名，被朝廷委任为广东盐运史。他为官几十年告老还乡时，因政绩显著，皇帝

金地村古桥

古驿道上草木繁盛，石阶清晰可见

对他进行了封赏，把大鹏半岛赐给他。藩家以大鹏半岛为基础，将家业发展壮大，富甲一方。关于潘家的显赫，当地客家人至今还有这样的说法："龙岗罗，淡水古，唔受葵涌一下潘。"这句话的意思是：当时龙岗的罗姓、淡水的古姓两大家族，加起来都比不上葵涌潘氏家族的兴旺。

俗话说："穷则独善其身，达则兼济天下。"修路铺桥是利在当代惠及子孙的大事。富甲一方的潘家，自然想为家乡的百姓做点实事，他们决定修一条路。当时的沙鱼涌码头是惠州、东莞、宝安三地最大的港口，也是古时候该区域内最繁华的商品集散地。如果有一条路，使沙鱼涌和葵涌相通，不仅可以方便家乡人的出行，还可以为两地百姓的商贸互通提供便利条件。经过考察与测量之后，潘家人规划出了这条路的走向——以沙鱼涌为起点，到石井时，一分为二，一条通往龙岗、横岗，另一条通往淡水。虽然工程量巨大，所需要花费的人力与物力巨大，但一心为百姓造福的潘家，举全族之力，最终将这条路修成。

石路建成之后，依山傍水而行，绵延数十公里，让沙鱼涌与葵涌两地之间的货物运送变得更为方便，这条路很快就变成了不折不扣的"银钱之路"。据金龟村里的老人们回忆，这条青石路一直在发挥作用，许多人挑着货物，在石板路上穿行，直至二十世纪五六十年代，石井境内有了公路才逐渐被弃用。如今，在金地村境内，这条古驿道仅剩下数十米。然而，从那些被往来的足迹磨光的青石板上，却依然可以看见它过去的繁华。

重修后的古驿道

孙中山孙女孙穗芳题写的"孙中山庚子首义纪念馆"

庚子首义，第一面青天白日旗

　　在金龟社区，有座孙中山庚子首义纪念馆，该馆设在一栋民房中，由收藏家罗林虎筹建。纪念馆中陈列有上千件珍贵的物品，其中大部分物品为庚子首义时所使用。除此之外，在这座纪念馆中，还陈列有大量记载孙中山先生生平的照片与资料，其中包括孙中山先生的珍贵手稿。这些珍贵的资料，基本贯穿了孙中山先生光辉的一生。金龟社区的这座孙中山庚子首义纪念馆是深圳纪念孙中山的一个重要场所，也是石井一道靓丽的文化风景线。

　　1900年10月，孙中山所领导的义军，在坪山马栏头和盐田三洲田打响了推翻清朝政府统治的第一枪，因为当年是农历庚子年，史称"庚子首义"。庚子首义是辛亥革命的前奏，是孙中山先生进行反清革命的一次尝试，为以后的多次起义和辛亥革命的成功提供了经验。庚子首义的枪声震撼了全世界，它敲响了封建制度覆灭的丧钟，引发了一场席卷中国大地的伟大变革。

之所以选择金龟作为建馆地址，是因为金龟与庚子首义有着紧密的历史渊源。孙中山的挚友冯自由在《革命逸史》第五集中讲道："自乙未重阳日广州失败后，青天白日旗初用诸军事者，为庚子（一九〇〇年）闰八月惠州三洲田之革命军。"据考察，这面

缝制第一面"青天白日旗"所用的缝纫机

旗由兴中会会员陆皓东设计，旗为蓝色，以示青天，中间是个光芒四射的白日图案。1895 年，广州起义失败，该旗未曾使用。庚子首义时，孙中山先生决定以此旗作为标识，并由金龟村的一位冯姓妇女缝制出了第一面青天白日旗。自此之后，这面旗帜与辛亥革命一起，在中国的历史中开始飘扬，而金龟这个名字，也载入史册。在金龟孙中山庚子首义纪念馆所陈列的物品中，至今仍保存着冯氏当初使用过的缝纫机。

第四章

一村一故事

石井社区

　　明末清初，客家人从惠州迁入石井，在此开荒拓土，建立家园。如今，三百多年过去，随着社会的进步，石井社区与时俱进，已发展成为一处充满现代气息的街区。

　　石井社区的经济高速发展，在现代化的滚滚洪流中，这里依然保留着浓郁的客家文化气息。在彭氏宗祠内，至今保存着彭氏一族的祖训，这条祖训延存千年，规范着所有的彭姓子孙。石井人才辈出，一些村子获得了教师之村、廉洁之村、篮球之村、红色革命之村等光荣称号。

　　石井社区下辖草埔、李屋、太阳、望牛岗、横塘、老屋、田头埔、上屋、下屋、岭脚、

石井社区航拍图照片

石井社区的古树

石井、井子吓、石陂头共 13 个村，每一个村子的村名背后，都有一段客家人开荒拓土时所留下的故事。

石井村

石井村始建于 1750 年，因兄弟分家，彭氏先祖彭俊荣由三家村（今老屋村）移居此地，建村立业。由于该地有一棵古朴树，在这棵古朴树旁边，又有一口石头井，故将村子命名为"石井村"，后来为了与石井社区区分，又改名为"石井围"。

石井村的主要姓氏是彭姓，村里保存了两本族谱，分别是彭天木、彭立辉在 1922 年编纂的《彭氏族谱》和彭氏族谱编委会在 2008 年编纂的《丰顺子顺公彭氏族谱》。根据这两本族谱的记载，石井彭氏先祖在北宋时期，从江西庐陵迁移至广东揭阳，随后从揭阳迁移至兴宁新塘村；约 1700 年，从兴宁新塘村迁移至惠阳县坪山三家村（今老屋村）；约 1750 年，从惠阳县坪山三家村（今老屋村）迁移至本地。

草埔村

草埔村始建于清朝晚期（约 1850 年），立村姓氏为黄姓。黄氏先祖从坑梓迁居此地，随后朱氏和何氏于大约一百五十年前（约 1860 年），分别从竹坑石湖和梅州兴宁迁入草埔村。

草埔村过去草地众多，据村民回忆，曾经的草埔村，推门望去，到处都是绿油油的草地，村名中的"草埔"二字便是由此而来。最初叫"草埔角"，1993 年，因政府规划，村民在村中马寮背地段，另建一村定居，并将村名改为"草埔"。

横塘村

横塘村始建于清朝中后期，高氏十三世祖日勤、日瑶、日琳三兄弟携母从坑梓大窝迁至此地，建基立业。当初高氏一族来此选址立基时，得一风水先生指点，说在此地的北面，有一鱼塘横卧，在鱼塘的南面建村最适宜。于是高氏三兄弟依风水先生之言，将村子建在了鱼塘南面，并在建村之后将村子取名为"横塘"。

二十世纪六十年代，横塘和石陂头曾短暂合并过约五年时间，取两村村名首字得名"横石"。

横塘村的主要姓氏是高姓，村里无族谱，但根据坑梓高氏编撰的族谱可以得知，高姓先祖从山东迁移至广东惠阳，清朝中后期，再从坑梓大窝迁移至本地。

老屋村、井子吓、田头埔

石井社区的老屋村、井子吓村和田头埔村是由最初的三井村分化而来。三个村子的主要姓氏为彭姓，乃北宋江西庐陵进士、潮州知州彭延年的后裔。彭延年致仕后隐居于揭阳浦口村（今揭阳厚洋村）建彭园。明洪武三年（1370 年），出生在潮州海阳县洞坑的十四世祖彭积善，与堂兄弟积庆由丰政都（今丰顺县）移居兴宁水口彭洞；其后，廿一世祖彭一福迁居新塘坑，廿三世祖彭启前自兴宁迁至惠阳县淡水；康熙年间，廿四世祖彭鼎纲移居惠阳县坪山三家村（即今坪山石井街道老屋村一带），为坪山石井彭氏之始祖。彭氏一族在三家村一带繁衍生息，逐渐壮大，后三家村改名为三井村。

1978 年，三井村分为老屋、井子吓及田头埔三个村。老屋村是彭氏先祖到三井村时最先定居的地方，村中有一栋始建于清乾隆年间的年代久远的老屋，也就是今天的彭氏宗祠，它见证着三井村彭氏繁衍生息的沧桑变化，老屋村的名字也正是因此而来。

横塘村的百年老树

井子吓村位于原三井村几口古井的下方，按地理方位，立村时将村子取名为"井子下"。在客家文化中，"口"字代表着丰衣足食，吃穿不愁，故后来又将"下"字改为"吓"字。

田头埔村始于清朝初期，因兄弟分家，彭氏二十五世先祖俊山由三家村（今老屋村）迁居此地。因村子附近有很多田地，故将村子命名为"田头埔"。

彭氏族谱编委会在 2008 年编纂的《丰顺子顺公彭氏族谱》对此三井村彭氏起源有着详细的记载。三个村子同出一宗，一脉相承，无论时代如何变迁，彭氏族人始终谨记祖训，守望相助，代代相传。

李屋村

李屋村始建年代不详，目前的主要姓氏有黄姓、何姓和李姓。据村民口述，黄氏先祖最早迁到本地建屋，故黄姓为立村姓氏。因过去李姓所建的围屋规模最大，且李姓人有学识，在当地颇具地位，而取村名为"李屋"。

明朝末期，黄姓先祖从福建永安迁移至惠州归善县白马碗窑，后又迁往归善县坪山高寨子和江边村，李屋村的黄姓便是从江边村迁过来的。何姓和李姓的迁徙历史已经难以考证，只知何姓是由兴宁县城东区东厢黄基塘迁到了当时的归善县淡水碧甲司，即迁到了坪山石井。

岭脚村

岭脚村始建于清初，何氏先祖何弘经来自兴宁县城东区东厢黄基塘，后移居惠州府归善县淡水碧甲司五里下大塘围（今会源楼后）立业，建立了村落。以前石井有很多田地，客家人把一排田地叫"一零"，因村落地势较低，位于田地下方，故将村子命名为"零脚"，后来由于"零"字不通用，便改为了"岭脚"。1996 年，因村里老屋房屋破旧、人口增长，村民在石井社区沙块地段另建新村。

岭脚村的主要姓氏有何姓、曾姓和黄姓。据《何氏族谱》记载，清初，何氏从兴宁县城东区东厢黄基塘迁移至本地。据《曾氏族谱》记载，曾氏先祖于清朝初年从外省迁至广东长乐七都白墓下，随后从长乐七都白墓下迁移至归善碧甲司淡水沙坑牛龙径，后来从沙坑牛龙径迁移至坪山棠岭井头村，随后又从坪山棠岭井头村迁移至本地。本村黄姓没有族谱，因与坪山江边村黄姓同宗，可知其均是从坑梓迁过来的。参考江边村和坑

岭脚村的新浦世居

梓黄氏的迁徙资料，可知岭脚村黄氏的迁徙历史大致是先从福建永安迁至广东梅县，再迁至惠州归善县白马碗窑，然后到江边村，后来又迁到坑梓草堆岭，最后从坑梓草堆岭迁至本地。

咸水湖村

　　咸水湖村位于深圳东部的山间谷地，主要姓氏为刘姓。据手抄的《刘氏族谱》记载，刘氏先祖在宋朝时，从福建宁化石壁迁移至广东兴宁。清乾隆年间，刘氏元通公从兴宁迁至此地，见这里风景秀丽，群山环绕，还有一个叫咸水湖的风水池，便在此建村定居，并以咸水湖为村名。1978 年，咸水湖按地理位置分上屋、下屋两个村落。位于刘氏祖屋的上方的，得名"上屋"；而下屋因地处刘氏祖屋的下方，故得名"下屋"二字。

　　尽管有了新的地界和名字，但很多当地人还是习惯将这两个村称为咸水湖村。咸水湖村东面毗邻自然村的田头埔，西面是井子吓村，附近山岭有田头山、红头石岭、横子见岭、阿公岭、阿婆岭、猪肚窝、链山、元岭仔、白坟窝等，其中田头山海拔最高，约为 683 米。村子附近有两个水库，分别是老虎山塘和正坑水库。咸水湖村四周山岭环绕，环境清幽，完全远离了城市的喧嚣。

咸水湖村刘氏祖屋现已成为刘氏宗祠

石陂头村

石陂头村东邻横塘村、西靠草埔村，坪山河从村北流过。主要山岭有草堆窝山，高约一百米。

清朝时，继文氏、秦氏先祖迁入石井，黄氏世雍公于1830年从坑梓迁来，多姓聚居而形成村落。黄氏八世祖世雍公从坑梓秀新草堆岭迁来后，创"石渠世居"，后据此世居之名，取村名为"石陂头"。

石陂头主要姓氏有黄姓、文姓、秦姓、高姓四个。其中黄姓为第一大姓氏，文姓次之，秦姓第三。黄姓是坪山地区大姓，1830年，黄姓世雍公从坑梓秀新草堆岭迁到石井；文姓于1815年从惠阳白泥塘迁至本地；秦姓于1815年从五华迁至本地；高姓只有一户，从横塘村迁来。

太阳村

太阳村西邻沙坣社区青草林村，南邻金龟社区金地村，北邻石井村、李屋村和岭脚村。二十世纪六十年代中期，大坪村和杨木坑二村合并成为一

石陂头村的石渠世居

村，并取两村名字的首字谐音，将新村命名为"太阳村"。

清朝晚期，彭氏先祖从石井老村彭姓隆和房系分居迁到大坪地段，陈氏先祖从广东五华迁至杨木坑地段。据村民口述，彭氏先祖在从石井老村迁入草埔前，最早是从河南，经过一路迁徙，从潮州到梅州丰顺、兴宁等地，然后迁移至石井老屋村，清朝中期再从石井老屋村迁移至石井村，最终于清朝晚期从石井村迁移到了本地。而陈氏先祖最早是从江西迁移到了广东五华境内，最终迁移至杨木坑开基繁衍，到如今已历七世。

望牛岗村

望牛岗村始建于 1796 年，立村姓氏为黄姓。明朝末期，黄姓祖先从福建永安迁移至广东惠州归善县白马碗窑，后又迁往归善县坪山高寨子，1737 年又迁到坪山江边村，1796 年从江边村迁到此地立基；后来骆氏从坪地年丰村、李氏从惠州陈江迁移至该村；简氏、朱氏、邓氏等也随后陆续迁入。因族谱缺失，大部分姓氏无法溯源。

望牛岗村与深圳大工业区相邻。相邻的自然村有：东边的河唇村、西边的南布村，南边的草埔村，北边的罗庚丘村。因该村建在一座小山岗上，四周地势较低，在岗上可看到有人在此放牛吃草，故取村名"望牛岗"。

通往田头埔村的路牌

田头社区

田头社区位于石井街道东部，东至田心社区，南靠田头山毗邻金龟社区，西至石井社区，北至竹坑社区。社区总面积 4.6 平方公里，生态控制线面积约 2.1 平方公里。

田头社区非常重视文化体育建设。麒麟舞是客家人的传统习俗，面临失传。为了挽救这门民间艺术，田头社区成立了一支麒麟队，现有队员 60 多人，其中青少年队员就有 25 名，最小的年龄仅 7 岁。老中青三代，构成了合理的人才梯队，为传承客家麒麟文化作出了贡献。此外，客家山歌、客家米酒，以及独具特色的占米话，也在田头社区

田头社区航拍照片

代代相承。在体育方面，田头社区成立了中老年门球队，这支门球队代表田头社区参赛，获得过省市级多个奖项。

田头社区下辖新曲、上村、老围、矮岭、马鞍岭、求水岭六个自然村落。因田头社区靠山，社区内村落名字的由来，大多与山相关，比如马鞍岭、矮岭。也有些村名由民间习俗而来，比如求水岭。

矮岭村

矮岭村东邻马鞍岭、求水岭，西接石井社区。该村始建于明朝，立村姓氏为吴姓。宋朝时期，吴姓先祖从江苏常州无锡县梅里乡迁移到广东省东莞县角蛇乡。明朝时期，吴氏东周公和从周公从东莞角蛇乡迁至归善县淡水坪山田头乡，东周公来到此地开基建村时，此地还是一个小矮岭，遂以"矮岭"为村名。

矮岭村古民居

老围村、上村

老围村始建于明朝时期，立村姓氏为吴姓。宋朝时期，吴姓先祖从江苏常州无锡县梅里乡迁移到广东省东莞县角蛇乡。明朝时期东周公和从周公由东莞角蛇乡迁至归善县淡水坪山田头乡，从周公在此开基建村。老围村历史悠久，据村民讲，建房子时挖地基最少挖出三层地基，是田头社区最老的自然村落，而取名"老围"。后有张姓祖先（迁徙历史不详）也来到老围建房子定基，村子渐渐发展壮大。

到清朝初年，村内人口逐渐增多，部分吴氏先人从田头老围村迁出建立新村，因新村地势比之前的老围村更高，又在老围村上方，故取名"上村"。

老围村立村姓氏为吴姓，图为吴姓老祠堂的院墙

马鞍岭村

马鞍岭村位于深圳东部坪山盆地，地势舒缓平坦，属于山间谷地地形。主要山岭是马鞍岭，海拔最高约有100米。主要河流是坪山河，从该村的北部流过。附近的主要水库有麻雀坑水库。该村主要外出通道有县道金田路和创景路，乡道马鞍岭路。

马鞍岭村始建于清朝中期（约300年前），因赖氏先祖从广东梅县迁入，开基立业，繁衍生息至今而形成。建村时，因村中有座小山，外形酷似一个马鞍，故而

马鞍岭党群服务中心的特色标牌

得名"马鞍岭",并一直沿用至今。

马鞍岭村主要姓氏为赖姓和肖姓。赖姓先祖最早从福建迁来广东梅县,清朝中期从梅县迁至坪山马鞍岭。因无族谱,肖姓迁徙历程已无法考证。

求水岭村

求水岭村位于深圳东部坪山盆地,地势舒缓平坦,属于山间谷地地形。主要山岭有田头山和求水岭,其中最高的田头山约海拔 683 米。坪山河从该村的北部流过。村附近有一座麻雀坑水库。该村始建于民国初年,建村先祖黄氏从惠阳淡水迁徙至求水岭。传说过去曾有一段时间天气干旱,民不聊生,村民纷纷前去村附近山上的伯公庙求雨,"求水岭"之名因此而得,并作为村名一直沿用至今。

新曲村

新曲村始建于明朝时期,立村姓氏为吴姓。宋朝时期,吴姓先祖从江苏常州无锡县梅里乡迁移到广东省东莞县角蛇乡。明朝时期,东周公和从周公由东莞角蛇乡迁至归善县淡水坪山田头乡。后从周公的后代子孙从老围迁出,至此地开基建屋,因以前这里有个地名叫曲坑岗,便以此为村名。中华人民共和国成立后村民希望村子焕然一新,取村名为"新曲"。

除了吴姓外,该村还有陈姓、赖姓、谭姓。陈姓与赖姓因为缺乏族谱,姓氏源头已无法追溯。自吴氏在老围村分居曲坑岗建基后,先祖永高公在惠州府任官(官职不详),结识谭氏。先祖永高公从惠州带回谭氏,并将妹妹许配于谭氏。据"蒲田世居"材料记载"有吴姓,必有谭姓"。

曲世岗居

松郡家风

颍川世泽

新曲村的代表性建筑——曲岗世居

田心社区

  田心社区位于坪山新区的最东部，与惠州市大亚湾规划区相接，总面积9.5平方公里，划定生态控制线范围6.8平方公里，水源保护区保护范围1.76平方公里，整个社区面积的90%都在政府的生态规划控制范围内。

  抗日战争时期，田心社区发生过许多可歌可泣的故事。水祖坑的水源世居是东江纵队营救文化人士的重要接待站，它先后接待过邹韬奋、茅盾、何香凝、柳亚子、廖承志的夫人经普椿，以及一大批美、英等籍的国际友人。

田心社区航拍照片

田心社区下辖九个居民小组，分别为杜岗岭、对面喊、罗谷、新屋地、散屋、上洋、树山背、水祖坑、新联。社区内村子名字的由来，不尽相同，其中有的村名与祖屋有关，有的村名和村庄的划分与合并有关，有的村名与地理位置有关，还有的村名来自于民间故事。

杜岗岭村

杜岗岭村始建于明末清初时期，立村姓氏为廖姓。先秦时期的廖叔安，其子孙大部分从河南迁移到福建顺昌地区。后有一个叫廖刚的，其子孙从福建迁徙至梅州兴宁，之后又到紫金，到惠阳，最后迁至坪山兔岗岭立基建村。"兔岗岭"因村后面的山貌形似兔子而得名，后根据当地客家方言发音写作"杜岗岭"。除了廖姓，村里还有陈姓、黄姓、邓姓、林姓、叶姓、郑姓、曾姓。清朝初期，陈姓从良井镇迁移至该地。黄、邓、林、叶、郑、曾六姓人口都很少，又无族谱史料，具体迁徙过程不详。2013年，杜岗岭整村拆迁。

2013年，杜岗岭村整村拆迁后保留下来的唯一建筑——廖氏宗祠

对面喊村的村名石

杜岗岭村位于深圳东北部山间谷地，三面环山。主要山岭有伯劳岭，海拔约164米，村东边有石溪河流过。

对面喊村

对面喊村始建于清朝初期，因许氏祖先入赘叶氏家族慢慢发展壮大而形成村落。关于对面喊村的村名来历有一个故事：以前许氏先祖在田心老围（今新联村）居住，叶姓先祖到今对面喊所在地开垦土地建房，家人常在田心老围喊其回来吃饭，久而久之，就形成了"对面喊"这个村名。

对面喊村所在地四水汇聚，故又名"水龙围"。对面喊村主要有许姓、陈姓两大姓氏。许姓为立村之姓，许氏祖先从河南高阳迁移至福建汀州，后又从福建迁徙至广东坪山田心。清朝初期，再从田心村迁移至本地，在此建基立村。陈姓族谱缺乏，具体迁徙历史不详。

罗谷村

罗谷村始建于清朝时期，立村姓氏为钟姓。以前钟姓祖先从河南许昌迁移至广东兴宁五华塘湖。清朝时期，钟氏三兄弟贤哲、贤圣、贤声搬至此地开基立业而形成村落。罗谷村原来叫"箩谷村"，因为能种的田地很少，一季只能收成一箩谷子，故而取名"箩谷村"。后来"箩"字简为"罗"，"罗谷"之名沿用至今。

新屋地村

新屋地村民大多从新联村迁移而来，开基先祖也是叶培初。叶姓后人称叶培初为"田心一世祖培初公"。世祖培初公在老围定居生息，村落发展壮大，传至十世祖雯秀公时，老围早已人口饱和。于是，清朝道光五年（1825年），雯秀公从田心老围搬出另择地而居。相对于老围，雯秀公新居之地取村名为"新屋地"。

散屋村

散屋村始建于清朝道光时期，立村姓氏为叶姓。明朝初期，叶姓祖先从河南叶县迁移至广东东莞，再到惠阳归善县，后又辗转到海丰，最后迁居坪山田心老围，由田心一世祖培初公始，叶姓一族开始在坪山田心落地生根。清朝道光时期，田心四世祖心阳公从老围村迁出，搬至附近另建房子，其后代也陆陆续续在附近各建房子，稀稀疏疏地渐渐形成一片村落，取名为"散屋"。

散屋村荫本学堂遗址

上洋村

上洋村主要姓氏是陈姓。根据《陈颖流堂族谱》显示，大约四百年前，陈氏先祖从福建上杭迁到广东梅县，明末又迁居惠阳梁化镇；大约三百年前，从惠阳梁化镇迁到本地。

陈氏先祖乃俊公五子之一玉相公由杜岗岭迁至此地开基立村。最初，因村落东面、南面和北面三面环山，类似一个山窝，故名"尚塘窝"。后来，村名演变为"尚扬"，后演变为"上洋"。

上洋村位于深圳东部坪山盆地，地势较为平缓。村子以东有真珠山脉，海拔大约一百米，有铁矿资源。

树山背村

树山背村的立村姓氏为许姓。据村民口述和文字资料记载，许氏先祖于1475年左右从福建省龙岩市连城县北团镇许坊村迁徙到广东坪山田心老围（今新联村），并做了田心老围叶氏的上门女婿，繁衍壮大。历经八世，1650年前后，因兄弟分房，许氏一支从田心老围迁居此地。由于该地与田心老围之间有很多茂盛的树木，形成一道自

昔日风光的上洋村西式洋房

然屏障，故取村名"树山背"。

树山背村位于深圳东部坪山盆地，地势舒缓平坦。主要山岭有田头山和大鼓山。最高的田头山海拔约683米。主要河流有猪仔陂河，从村子西南边流过。水库有田坑水库，当地人称为大陂头水库。

水祖坑村

水祖坑村位于深圳东部的丘陵地带。村南面有田头山，海拔大约683米。村北有一条石溪河。四条小溪从田头山流入石溪河，是石溪河的二级支流，分别叫担水坑、横坑龙、揭牙石、蕉窝坑。水祖坑村溪流资源丰富，水质优良。

清朝嘉庆二十四年（1819年），田心叶氏开基祖培初公第十世孙雯忠公由田心老围（今新联村）迁居此地建立了村落。因过去该村附近有一个溪水汇成的水坑，而得名"水祖坑"。之前，吴氏先祖在田头山附近建有大山吓村，后大山吓与水祖坑村合并。

水祖坑村第一大姓为叶姓。明朝中期，叶姓先祖由河南南阳迁居至广东东莞，之后从归善河树下迁移至海丰，后又从海丰迁移到田心老围（今新联村）。第二大姓为吴姓，

最早由四川迁移至广东东莞角蛇乡，明朝末期从东莞角蛇乡迁居大山吓，后并入水祖坑村。

新联村

新联村位于深圳东部坪山盆地，地势舒缓平坦。主要山岭有田头山和九麻龙山，最高的田头山海拔约 683 米。主要河流有大陂头河，从村子东边流过。水库有头陂水库。根据村民的口述和有关资料记载，新联村原来叫田心老围。1953 年开始，田心老围村中许姓村民和叶姓村民先后成立联耕组、初级社和高级社，后在 1956 年合并，因改村名为"新联"。

新联村的立村姓氏为叶姓。明朝中期，叶姓祖先从河南叶县迁移至广东东莞后，因受洪水困扰，兄弟三人又各自迁移。培初公迁到惠阳归善县后又迁到海丰，最终迁徙到坪山田心老围落足，从此叶姓在坪山田心开基立业。该村的许姓来自福建龙岩市连城县北团镇许坊村，1475 年左右因贩卖陶瓷来到田心，做了叶家的上门女婿，从而定居下来。现在村中的主要姓氏仍为许、叶两姓。

新联村田园风光

金龟社区

　　金龟社区毗邻深圳东部大鹏新区葵涌办事处，紧靠田头山，总面积13.852平方公里，森林覆盖率达93%，是一处天然的氧吧。由于地理位置偏远，这里的民俗建筑以及客家文化保存均较为完整。在金龟社区内，有古驿道、古雕楼、古村落等充满客家风情的民俗景点。此外，具有现代营地特色的金龟露营小镇，也位于该社区。

　　多年前，金龟曾盛产金龟橘。金龟橘以个大色鲜、橘皮易剥、甜而多汁闻名遐迩，古宝安县有"南山桃、金龟橘、龙岗黄脚鸡、坑梓沙梨"的说法，指的是深圳历史的四大名产。如今，金龟橘已经大幅减产，但金龟窑鸡、金龟卤鹅等独具特色的菜品脱颖而出，成为客家美食的新名片。

　　金龟社区下辖半坝、金成、金地、同石、坪头岭、新塘、田作等七个自然村。由于金龟社区靠山，这里每个村的村名都带有山水之意。

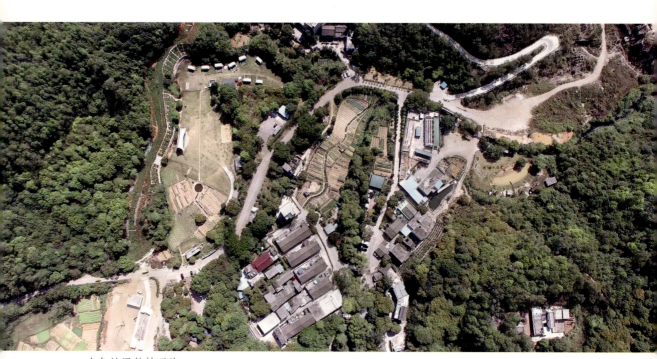

金龟社区航拍照片

半坝村恬静的自然风光

半坝村

半坝村位于深圳东部田心山脉横坑坪山下，东临田作村，西接金地村，金龟河穿村而过。主要山岭有横坑坪、红花岭、吊狗窝，海拔最高约 600 米。

半坝村始建于清朝时期，最早居住此村的只有张姓。稍后冯氏先祖从惠东逃荒至此，在张氏家做长工，后成为张氏女婿。随着人丁兴旺，慢慢演变成村落。因金龟河从村中流过，村民分居金龟河两侧，而取村名为"半坝"。

半坝村主要有冯姓和张姓两个姓氏。其中，冯姓为第一大姓，由于族谱缺失，只知半坝冯氏先祖宗出始平，清朝时期从惠东迁来。张姓人口相对较少，其姓氏源流已难追溯。

金成村

金成村位于深圳东部丘陵地带，附近主要山岭有田头山、马峦山脉（连接到东部华侨城）。村子西面有金龟河流经。村子附近还有一个赤坳水库，总库容为1811万立方米。

据2016年自然村落普查资料，金成村始建于清朝嘉庆年间。闽系邱氏一世祖世然公后代，第二十七世祖奇贤公从南联上岗迁入坪头岭，生子繁衍，人口增加，二十九世祖廷芳公从坪头岭迁出另建村落。建村之地有一座山，其形似龟，村子刚好在龟肚子的部位，而取名"金龟肚"。后来金龟肚分为几个小村，金成村就是其中之一。金成村之名起始自"土改"后的村落名称规范，"成"字寓意成功。

金成村的主要姓氏是邱姓，据邱氏族谱记载，邱氏先祖先后从江西、福建等地迁移至广东梅县，清朝时从龙岗南联邱屋村迁移至本地。

金地村

金地村位于深圳东部坪山盆地，属于山间谷地地形，主要山岭坪头岭海拔高约530米。金龟河穿过村子汇入坪山河。附近有赤坳水库。

金地村始建于明朝，从河南逃荒的难民迁居此地，建立了金地村。由于村落位于金龟地区的中心，地理位置优越，故将村落命名为"金地"。

金地村的主要姓氏有彭姓、邱姓、余姓，只有邱姓村民保存有族谱。据邱氏族谱记载，金地邱姓先祖从江西、福建迁至广东梅县，在清朝时从龙岗南联邱屋村迁居本地。

同石村

同石村毗邻坪葵公路，紧邻南澳。相邻自然村有东北边的金地村和西北边的金成村。同石村位于深圳东北部坪山盆地，属于山间谷地地形，村东南面有炮台山，海拔高度约100米。发源于田头山的金龟河流经该村段长约500米。

同石村始建于清朝中期，邱氏祖先从河南渭水南迁至福建宁化石壁，又迁徙至广东龙岗南联上岗村，再迁到此地的坪头岭。因山上生活、出行不便利，邱氏后人逐渐从山上迁到山下居住，慢慢发展成现在的同石村。

邱氏宗祠

河南世澤

涓水家聲

金地村邱氏宗祠

同石村露营小镇的麻石路

坪头岭村

坪头岭村始建于明朝，因闽系邱氏一世祖世忝公后代入粤，传至第二十七世祖奇贤公，从南联上岗迁入坪头岭而形成。因过去有一座山岭，地势平坦，村子位于山岭上，"平"与"坪"同音，而取名"坪头岭"。1989年，坪头岭村从老村搬至新村。

坪头岭村的村民都姓邱。邱氏祖先也是几经迁移，一路南下，从河南迁到福建宁化石壁，再迁移至广东长乐（今五华），清朝时期从龙岗南联上岗村迁移至本地，定居至今。

新塘村

新塘村位于田心山脉的东北部，属于山间谷地地形，主要山岭有对门山、鹰映排、吊狗窝、种姜窝、龙九窝、食水坑、伯公排。发源于田头山的金龟河流经本村。

据邱氏祖谱记述，邱氏先祖是从河南迁至福建宁化石壁，继而迁到广东长乐（今五华），之后迁到龙岗南联上岗村，清朝时期从南联上岗村迁徙至坪头岭。后因山上生活、出行均不便利，邱氏后人逐渐从山上迁到山下居住。当时邱氏一支就在坪头岭山脚下一块形似人肚的地方居住了下来，并依此取名"塘肚村"。后改村名为"新塘"，寓意"去旧鼎新"。

坪头岭村民居一角

坪头岭村老邱氏宗祠遗址

田作村

　　田作村建村已有三百余年。邱氏祖先从河南渭水南迁至福建宁化石壁，又从宁化迁移至广东坪头岭，再迁徙至此地建基立村。田作村的村名来历与其地理环境有关。村落处于山间，田地易塌陷，故用石头砌作边界以加固，村民因此称此地的田是石头做成的，由此得名"田作"村。在五十年前，此地也曾被叫做"作碑坑"。

田作村碉楼

第五章

纾走的餐桌

客家饮食文化的精髓——艾粄

中国人对艾草有着特殊的感情。艾草不仅可以入药，可以当作香料，民间还有"辟邪"的说法。在客家人眼里，艾草还有另一种价值—— 绝佳的美食食材。

客家地区一直有"清明前后吃艾粄，一年四季不生病"的说法。"粄"是客家方言里各类糯米或黏米糕点的统称，艾粄顾名思义就是以艾草为主料的糕点。

清明前后是艾草长得最鲜嫩的时候，每到这个时候石井金龟社区金成村的村民就会成群结队出门采摘艾叶——他们要举行一场规模浩大的艾粄制作交流会。这一天，全村的男女老少会聚集在一起，甚至在外工作的人也会返回故乡。

在田野间，艾草的辨识度非常高，正面青绿色，叶底银白色，具有独特的芬芳。金成村人制作艾粄的要诀是选择最鲜嫩的艾草，只要叶不要梗，这样才能保证食物吃起来没有纤维感，入

剁馅

炒制艾粄馅

口即化。艾草煮熟后，捶成青绿色艾泥，再加入糯米粉和砂糖揉成艾团，最后包入馅料，放入木质粄胚中压制成形，艾粄制作就初步完成。以前，会不会做艾粄是衡量一个客家妇女是否能干的标准，连艾粄都做不好的女孩是很难嫁出去的。

当然，制作艾粄还有一种不可或缺的辅料——芭蕉叶。选择老一点的芭蕉叶用作屉草，蒸出来的艾粄会有一种芭蕉香，妙不可言。正是对每道工序严格要求，金成村的艾粄才香甜糯软，回味悠长，远近闻名。

艾粄在客家人的生活中占有非常重要的位置。在金成村，婚娶、生子，甚至包括祭祖，只要有宴席的地方就有艾粄的身影。艾粄已成为客家人的美食名片。

客家美食——艾粄

人间至味，金龟窑鸡

金龟社区坐落于田心山脉的群峰之中，犹如一处世外桃源。这种特殊的地理位置使金龟社区原始而醇厚的客家文化得以保存。

金龟村自古为大鹏半岛通往坪山和龙岗的重要驿站，商贾云集，经济繁荣。关于金龟窑鸡，有这样一个传说。晚清时期，一家镖行在金龟驿站遭遇盗匪，货物被劫一空。几兄弟因无法偿还东家的货款，不得不逃到田头山里暂避风头。有一天晚上，一个兄弟抓到一只野鸡，他用荷叶与泥巴把野鸡包起来丢在了取暖的炭火里。没想到过了一会儿，奇香飘出，所有人都醒了。大家大块朵颐之后，当即决定与其逃避不如一起去金龟卖烧鸡。窑鸡就这样诞生了。最终几兄弟创业有成，还清了东家的货款。

这虽然只是一个传说，却体现出客家人对美食的敏感，而这种敏感也催生了窑鸡这一地方美食的诞生。

在《说文解字》中，"窑"字原意为"烧瓦灶也，从穴羔声"，可见"窑"在古代本是烹制烧羊的"穴"。顾名思义，窑鸡也是将鸡放进灶中窑熟。

金龟社区半坝村村民冯欲晓经营一

将鸡用锡纸包好放入炭火中烤制

家窑鸡山庄已经有十多年了。丰富的经验，娴熟的手法，窑鸡在他手里就像庖丁刀下的牛一样。他做出来的窑鸡肉质鲜嫩，芳香入味，如今已成金龟一块美食招牌。

在冯欲晓心目中，鸡的品质是窑鸡美味的基础。十几年来，他坚持只选自然生长的走地鸡。他的标准是看鸡爪，如果鸡爪茧厚有疙瘩，那一定是在大自然中散养出来的。

将鸡处理干净，里外刷满秘制酱料，再用锡纸包起来，之后的工作便是烧窑了。在一个土砖灶里，用荔枝木作为柴火烧制的窑鸡味道更加纯正。与此同时，等酱料全部渗入鸡的皮肉和骨头中，就可以将鸡放入火红的木炭中，盖好压实。至于要等待多久才将鸡取出，这是冯欲晓的秘密，无人知晓。

金龟窑鸡成品

金龟橘——深圳人舌尖上的怀念

金龟社区群山包围，绿林簇拥，溪流潺潺，堪称一片世外桃源。优越的地理和气候环境孕育出久负盛名的美味特产——金龟橘。

金龟社区种植金龟橘已有一百多年历史。清代末期，湘赣交界地区的客家人带着家乡的橘树不远千里迁徙到金龟，没想到无意之举竟然培育出一个优良的品种。它个大色鲜、皮薄易剥、甜而多汁，当时已声名远播。原宝安县有一句民谚流传甚广，叫做"南山桃，金龟橘，龙岗鸡，坑梓梨"。民谚所指为深圳历史上四大名产，金龟橘榜上有名。

曾经，在金龟社区，祖祖辈辈、家家户户以种橘为生。每到橘子成熟的季节，满山遍野、村前屋后都是一片金黄。山地多的家庭，一年可以收获数万斤金龟橘。这些口碑极好的金龟橘已打入国际市场。20世纪60年代，金龟橘出口到香港，每斤售价两毛八，到80年代涨到了一块多。金龟橘成为了当地出口创汇的主力军。

随着金龟橘的畅销，一场灭顶之灾也在悄悄靠近。因为金龟橘创收能力强，人们都把精力放在了扩大种植面积增加产量上。中华人民共和国成立初期，金龟村仅有一百多亩橘园，到1991年发展到了近七万亩。对产量的过度追求，人们忽视了虫害的防治。二十世纪九十年代，一场前所未有的病虫灾害降临了。一夜之间，数万亩金龟橘全部染上病害，无人能解。金龟橘辉煌的时代戛然而止。

现在，人们培育出了金龟橘新品种。在金龟村的一个山坡上，五百株新品金龟橘正茁壮成长。在深圳四大名产中缺席二十多年的金龟橘将重新回归人们的舌尖之上。

重新培植的金龟橘树木

客家米酒，大自然的琼浆玉液

在客家地区流传着一句谚语："蒸酒磨豆腐，冇人敢称师傅。"这句话说的是客家人有两手绝活——酿米酒和酿豆腐。客家人酿米酒的历史非常悠久，据说他们是岭南地区酿酒技术的最早掌握者。

客家米酒又称为水酒，通常酒精度数不高，清淡爽口，回味悠长。酿制米酒考验一个人双手的灵巧和心思的缜密。在过去，客家女人会不会持家，其中一个重要指标就看能不能酿出甘甜的米酒来。所以，酿制米酒是客家女人必备的手艺。吴瑞巧，田头上村的酿酒师傅，他的一手绝活就来自于丈母娘的传授。他从二十五岁开始酿酒，如今已经浸淫三十多年。

将酿制好的糯米酒曲放入锅中蒸煮

蒸馏好的酒顺着竹筒流入瓮中

　　客家人酿酒讲究天时地利，秋季白露刚过是米酒最佳酿造时机。将糯米洗净、浸泡、蒸制、放酒曲、一道发酵、二道发酵……长达三个月各道工序的绝妙大融合，最后取酒醅煮开沉淀即可得到初道米酒。除了对天时地利与技巧的把握，蒸酒的燃料也有讲究。三十多年来，吴瑞巧一直选用本地龙眼树作为薪柴。这种柴木质紧密，火力平稳，燃烧持久，是酿酒的最佳搭档。

　　在酿制米酒的过程中，发酵环境的掌握，蒸酒火候的把控，放水比例和取酒时机的选择等，各个环节都是靠传承前人的经验以及吴瑞巧多年的心得来完成。吴瑞巧酿制的酒远近闻名，尤其是当地举行大型宴会时要提前很久预定。在喝酒人士看来，他酿的米

酿制客家米酒的场景——蒸馏

酒才是难得一品的琼浆玉液。

在广东地区，广府人喜欢"叹早茶"，潮汕人爱喝"工夫茶"，而客家人以能饮、善饮闻名岭南。米酒贯穿着客家人的一生，从牙牙学语到结婚生子，到垂暮之年，都和米酒息息相关。甚至拜祭祖先，新酿的米酒也是必不可少的祭品。客家米酒就像是客家人的魂，离不开，少不得。

酿酒过程中用来发酵酒曲的酒坛

酿豆腐，永不过时的客家味道

在汉语字典里，"酿"字本义为"用发酵的方法制作酒、醋、酱油"。但客家人对此有不同理解。他们将"酿"字延伸出"植入馅料"的意思，并将其在客家菜中发扬光大。客家酿豆腐就是将"酿"字运用最经典的一道菜。

客家酿豆腐的灵感来源于北方的饺子。客家先民原来生活在中原地区，以饺子为主食。迁徙到不产面粉的岭南后，他们每天的主食变成了米饭。对故乡饮食的思念，让客家人模仿饺子的做法，在白豆腐中央挖一个小洞填入肉馅，于是，"酿豆腐"这道客家美食就在对故乡饮食的追忆中诞生了。

酿豆腐的烹饪方式是煎，虽然做法单一，但诀窍非常多。"煎豆腐时，不要盖上锅盖，否则豆腐会越煎越硬，这是酿豆腐的关键。"金龟半坝村的冯师傅说。冯师傅是当地土生土长的客家人，经营客家菜馆已有十几年了。不仅对酿豆腐的各种做法

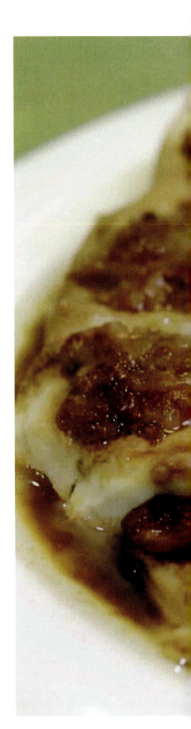

客家酿豆腐的原料——白豆腐

客家美食——酿豆腐

样样精通，他还将这道客家菜玩出了新高度：他在砂锅底和豆腐之间垫一层鱼干，鱼香随着汤汁收进豆腐中，使这道传统的酿豆腐滋味变得更丰富饱满。

当一盘金黄的客家酿豆腐端上桌子，满屋子都能闻到浓郁的香气。金黄的豆腐中央是煎成褐色的肉末，再加上葱花和芹菜末点缀，客家酿豆腐以色香味俱全改变了食客对豆腐菜的记忆。

客家人的年夜饭中，酿豆腐是必备的菜式。在团圆饭的餐桌上，人们除了讨论一年的收成和未来的梦想，酿豆腐的味道是永不过时的话题。

炒制的客家豆腐

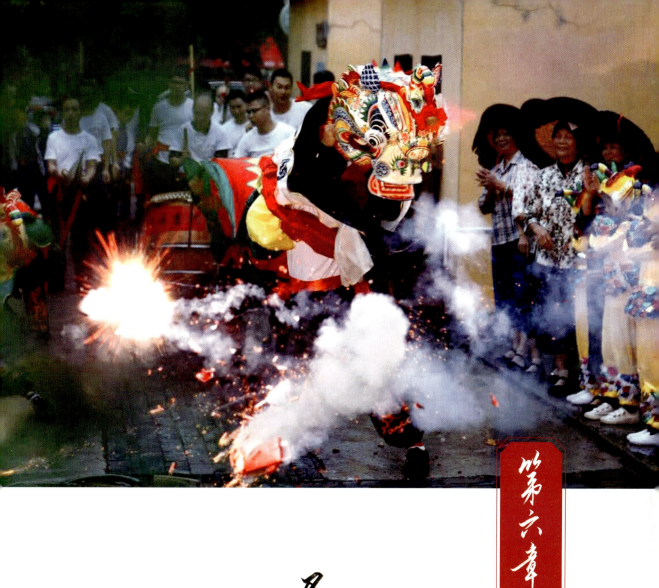

第六章

民间文化

深圳天籁，客家山歌

作为世界移民之都的典范，深圳不仅代表了年轻和现代，同时还深藏着悠久、淳朴的本土文化。客家山歌，活跃在田头山下的深圳传统艺术，因其优美动听而代代相传，因其源远流长而成为这座城市变化和发展的见证。

客家山歌被称为有《诗经》遗风的天籁之音，自唐代开始，已有一千多年历史。逢山必有客，无客不住山。由于古时客家人长期生活在大山里，终日耕作于群峰之间，客家山歌便在人们对大自然和异性的情感表达中诞生了。它用客家方言吟唱，上承《诗经》的婉转和跌宕，后继唐诗宋词的缠绵与激昂，同时又吸取了南方各地民歌的精华，成为一个博大精深、风格独特的民歌流派。

坪山区田头社区新曲村，一个位于田头山脚下的客家村落，从立村开始，客家山歌就在这片土地上生根发芽。经过三百多年传承，如今接过山歌衣钵的是一位 60 岁的老人吴建东。吴建东从小听母亲唱山歌，十几岁的时候就能自编自唱。他的客家山歌题材广泛，语言生动，情感真实而感人。在他的山歌里，仿佛万事万物都是有生命的。

虽然如今已步入花甲之年，但四十多年的深厚功底令他唱起山歌来仍然游刃有余。在吴建东的婚恋歌、砍柴歌、生活歌中，颤音、滑音、倚音等装饰音掷地有声，旋律回环曲折，十分动听。

作为一种艺术形式，客家山歌与时代有着不可分割的关系。说它是时代的一面镜子恰如其分，通过不同时期的客家山歌就能了解不同时期的历史风貌。中华人民共和国成立前，坪山有一首客家山歌流传非常广泛："杨梅时节雨纷纷，耕田人家眼饿昏。放下禾镰又桌米，泪水拿来当茶饭。"这种凄苦的情境就是当时百姓生活的真实写照。

在抗日战争时期，广东活跃着一支让敌人闻风丧胆的队伍——东江纵队。这支队伍很独特，大部分都是客家人，从小听客家山歌长大。东江纵队成立时举行军民联欢会，客家山歌此起彼伏，充满了抗击侵略者的决心和勇气。可见客家山歌不仅可以谈情说爱，在民族危难时期，还可以发挥稳定军心、同仇敌忾的战斗作用。所谓"一支客家山歌，胜过十万雄兵"。

吴建东与其乐队一起演唱客家山歌

　　客家山歌兼具音律、文学、历史、民俗等多种内涵，它不仅是客家人抒发感情的方式，也是社会生活、民俗风情、宗教历史的载体。客家山歌作为劳动人民创造的艺术，是祖先留下的一笔丰厚精神财富。

麒麟舞，客家文化中的明珠

浓墨重彩的客家文化深深扎根在坪山区田头社区的土地上。每到大年初一，当人们刚刚打开门迎接新年气象时，一支装扮特别的队伍就会挨家挨户拜灶神。他们迎祥纳福，将音乐、舞蹈、宗教，以及国泰民安的凤愿凝聚在一头活灵活现的麒麟上。这个独特的民俗就是麒麟舞。

麒麟舞诞生于明代永乐年间。史书记载，公元 1419 年，郑和下西洋后带回一头马林国国王赠送的长颈鹿。由于长颈鹿长相奇特，每个部位都讨中国人喜欢，像龙头、鹿角、马蹄、牛尾，再加上身披一套鳞甲，因此朝中官员一致认为是麒麟现世。不久，以麒麟为主题的圣舞成为了宫廷各类庆典中必有的表演，并代代相传。明朝灭亡后，掌管宫廷文娱活动的官员冯玮将麒麟舞带到了民间。

深圳素有"东麟西狮"的说法——东片客家人喜欢舞麒麟，西片广府人中意舞狮子。麒麟舞在东片客家土地上已传承三百多年。田头社区，一片建于明代中期的村落，麒麟舞跟随客家人迁徙的脚步来到了这片土地上。田头麒麟队有六十多名成员，队员中有儿童、青年、中年和老年，最小的只有 7 岁，最大的已 70 岁。

田头社区麒麟队中的乐器——镲和小鼓

一次麒麟舞表演至少需要一个三十人的队伍，他们分工明确，分为舞蹈、奏乐、场景、道具等。麒麟舞动时，一人舞麒麟头，一人舞麒麟尾，两人配合一定要足够默契，才能把麒麟的喜、怒、哀、乐、惊、疑、醉、睡等动静神态全部表现出来。虽然所有麒麟舞的套路大致相似，但是具体到每个村落却又各有不同。田头麒麟队成员全部都是土生土长的本地人，在总教练吴显庆眼里，田头麒麟的特点是更劲、更猛、更默契，这是与其他地方麒麟舞的最大不同。

在客家人的心目中，麒麟踩过一地，就会给那里的人们带来好运。然而，尽管麒麟舞体现了客家文化精髓，但它在田头也经历了两次没落。第一次是"文革"时"破四旧"；第二次是二十世纪九十年代，人们疯狂追求物质财富，将精神财富遗忘在脑后。然而真正的民俗艺术从来只会在时代中起落，而不会消失。

正如吴显庆所说："这是我们的本土文化，作为本地人更要担当起传承的义务，不要忘记自己是哪里人，自己的根在哪里，一定要让客家文化的精华代代相传。"

麒麟头

客家人的"祖公话"——占米话

明代中叶，宦官专权，税赋沉重，广东珠三角一带的百姓苦不堪言。1449年，农民黄萧养聚众起义，队伍很快发展到十余万人。他们攻广州，下佛山，震惊朝野。然而在各路官兵的夹击下，这次起义最后以失败告终。只有少部分起义军突围来到珠三角东部的大山里，在当地定居并繁衍生息。

谁也没有想到，这次名气不大的农民起义虽然失败了，但客观上却造就了中国历史上一种语言的诞生——占米话。

占米话又叫尖米话，是由五百多年前黄萧养起义军残部所操持的白话和客家话、闽南话相互交融，形成的混合型方言。它虽然在这些语言的基础上诞生，但又与这些"母语"有不小的差别。比如在占米话中，"我们"读作"我哩"，而白话为"我哋"，客家话为"我兜"，差距很明显。

作为珠三角东部地区所特有的占米话，历经几个世纪的时代更迭后，如今主要流行于坪山区田头和田心等地。因此，占米话又叫做田头话、田心话。田头老围村，一个由吴姓肇基的客家村落，是全国少有的还能讲占米话的村落之一。在村里老人吴戊钦的记忆里，占米话曾经在当地的使用人群非常多，被称作"祖公话"。拜祭祖宗时如果不讲占米话就会被赶出宗祠，而且还不能与同族人吃饭。

遗憾的是，人类语言沟通方面的马太效应过于明显。恒者恒强，弱者更弱。由于普通话和本地客家话的强势，占米话的使用环境不断被压缩。田头会说占米话的只有七八十岁及以上的老人，六十岁以下基本上已经没有会这门语言的人了。在吴戊钦的家族中，儿子不会讲占米话，他只有与兄弟姐妹在一起的时候才使用占米话交流。

在社会的不断进步与融合中，大众化语言越来越普及，占米话就像一个被孤立的方言小岛，日渐式微。如果有一天，它突然从我们的语言体系中消失，请记得，这门语言曾经为人类的沟通做出贡献。

第七章

遇见历史熟人

赖祥

东江纵队英雄——赖祥

　　七十多年前，在中国抗日战争的华南战场上，活跃着一支神秘、顽强、让敌人闻风丧胆的队伍——东江纵队。这支队伍积极在敌后展开游击战，他们不仅消灭了敌人的有生力量，还利用各种办法牵制了敌人大量兵力，为世界反法西斯战争的胜利做出了伟大贡献。东江纵队从一支游击队伍发展成为"中国抗战四大中流砥柱"之一，发祥地之一的坪山输送了大批仁人志士。曾生、赖祥等就是在坪山这片土地上出生、成长、接受教育，最后成为了东纵元勋。

　　1919年，赖祥在坪山马鞍岭出生。在他成长的时代，中国饱受军阀混战之害和日本侵略之痛，人民苦不堪言。1940年，21岁的赖祥毅然决然地踏上了革命征途。由于天资聪颖，领导能力强，他很快成为马鞍岭抗日自卫中队的领导人物之一。

　　1943年，侵华日军在大亚湾马鞍岛建立军事要塞。他们封锁港湾，严重威胁了抗日军民海上交通线的安全。东江纵队决定拔掉这颗钉子。赖祥所在的抗日中队肩负起了这次重任。这支中队灵活勇猛、战斗力强，组成敢死队，从日伪军手中夺回了马鞭岛，为东江纵队打开了一条海上通道。

1946 年，东江纵队一支独立营在北撤的时候遭到了国民党军队的突然袭击，在千钧一发的时候，营长赖祥审时度势稳住了阵脚。在他的指挥下，经过一场激烈战斗，独立营把来犯的国民党保安第七团一个营三百多人一举歼灭。这一仗狠狠打击了国民党顽固势力的嚣张气焰，为东江纵队顺利北撤扫清了障碍。

北撤后的赖祥先后担任了两广纵队第二团副团长、华东野战军第十三纵队团长等军职，参加了济南、淮海、渡江、上海等重大战役。中华人民共和国成立后，他又历任南京军区空军独立第二团团长、济南军区空军第六军副参谋长、后勤部部长，直到 1981 年才离开军队休养。1955 年他被授予中校军衔，1960 年晋升上校，获三级解放勋章。

彭晓帆（1908—2000）

廉洁奉公的践行者——彭晓帆

新中国农业税工作的奠基者彭晓帆出生于坪山石井村，石井彭氏的祖先为北宋名臣彭延年。据记载，彭延年曾任潮州刺史八年，减赋税，筑韩堤，两袖清风，造福一方。彭晓帆继承先祖的遗训，恪守清正廉洁的准则，为中国的农业税收工作做出贡献。在彭晓帆的书房内，悬挂着一幅"粉骨碎身全不怕，要留清白在人间"的座右铭。他借明代民族英雄于谦的《石灰吟》，将奉献和廉洁奉为自己的毕生信念。

二十世纪四十年代，彭晓帆担任广东、广西税务处督察。当时国民政府贪污腐败严重，很多官员上门送礼，企图拉拢彭晓帆。而彭晓帆不但将行贿者拒之门外，还在第二天的大会上严厉批评了这种不正之风。在彭晓帆任督察期间，两广税务工作者的腐败风气有了极大收敛。

中华人民共和国成立后，彭晓帆历任中央人民政府财政部农业税司副司长、广东省政府参事室副主任等职务，主持起草了新中国第一部农业税法——《新解放区农业税收暂行条例》。彭晓帆虽身居重要岗位，但从未借工作之便给家族里的人谋取利益。改革开放之初，彭晓帆多次拒绝了亲朋故友想利用他的人脉关系倒卖国家统购统销物资的做法，并对其人进行了严肃批评教育。二十世纪八十年代，他看到国家经济迅速发展但财经人才十分匮乏，便不惜倾尽所有，创办了广州业余财经学院并担任校长。广州业余财经学院是民办学校，学费很低廉。他总是说："办学不是为赚钱，而是为国家培育人才！"

彭晓帆的后代甚至整个彭氏家族都恪守着廉洁奉公的祖训，彭晓帆的楷模效应已经影响了整个家族。

彭晓帆故居一角

跋

  这是一场客家文化的探索与发现之旅。从田头肇基开始，四百年以来，一代代客家人在石井生息繁衍，创造了璀璨的客家文明。然而，沧海桑田，在时代的变迁中，这片土地上的原生态客家文化不断遭到侵蚀。气势恢宏的围龙屋已破败，沿袭数百年的茶粿早已不是当初的味道，就连石井土著方言占米话也面临失传的尴尬处境。外来文化正在冲击着崇文重教的客家精神，因此，对传统文化的发掘与保护已势在必行。

  2018 年 4 月，应石井街道党工委之邀，深圳点石文化传媒有限公司派出了文字采编与纪录片摄制组来到石井，开始了一场实地发掘石井传统文化的旅程。时值春夏之交，深圳换季，北方冷空气与亚热带高温在石井上空反复较量，天气变幻莫测。采编团队经受着冷热交替的考验。初进入石井时，烈日当空，蚊虫异常活跃。然而清明节过后，却开始霪雨霏霏，气温骤降，采编团队的人员又纷纷购买外套御寒。

  整整一个月的时间，采编团队紧锣密鼓，深入石井街道的每一个村庄、每一条古巷，用目光与脚步探索，用镜头与文字记录，在一路艰辛中，收获累累硕果：厚重的宗祠文化、东江纵队抗日救亡的热血历史、风光旖旎的金龟社区、世外桃源般静谧与安适的金龟露营小镇、田头社区的麒麟舞、客家山歌等非物质文化遗产……一处处美丽的景点、一栋栋沧桑的老屋、一个个传奇的故事，采编团队在完成资料采集的同时，也享受到了一场客家文化的盛宴。

在此，深圳点石文化传媒有限公司携同参与该项目的全体采编人员，向石井街道工作人员表示衷心的感谢，没有他们对传统文化的重视以及大力支持，《发现城市之美·石井》项目不可能顺利启动。与此同时，采编团队也要感谢石井社区、金龟社区、田头社区、田心社区的相关工作人员，他们的极力配合和穿针引线，提高了此次采编的深度和广度。此外，团队还要致谢石井村的村民彭伟忠老师，作为一名退休干部，他本着对故土的深情，对传统文化的热爱，全程跟随采编组，为团队带路，并充当客家方言的翻译，使采编工作得以高效完成。

为了拍到石井村"咸水湖"的航拍照片，团队多方打听，都无从知晓。就在一筹莫展之际，刘梦琳、刘子诚两位小朋友成了我们的"救星"，感谢她们带着摄制组找到了这个神秘的地方，完成了航拍任务。另外，还要感谢岭脚村的何伟岸先生，不仅带我们找到了"会源楼"，还提供了他爷爷何来生作为东江纵队老战士的许多珍贵照片和军功章，成为石井具有厚重红色文化的历史佐证……此次采访过程，还得到很多热心人士的协助，他们或提供线索，或解疑答惑，因篇幅有限，无法一一署名，项目组一并表示感谢。

在石井一个月的实地采访，满载而归，团队被这里蕴藏的如此丰富的历史文化深深惊叹。此后的两个月里，从整理素材、倾听录音、甄选照片，到伏案创作，创作人员全身心投入了繁复的工作中……当《发现城市之美·石井》的图文书籍，捧在手里，所有的努力都在这一刻化成了沉甸甸的收获。传统文化的魅力在书香四溢中得以展现，这是石井街道党工委的初衷，也是所有石井人最真诚的愿望。

期待这部作品，能让人们感受到一个现代与传统并存、年轻与厚重并存的大美石井，让石井客家文化在时代发展中熠熠生辉，傲立潮头。

《发现城市之美·石井》项目组

2018 年 10 月

发现城市之美

出　　　品　中共深圳市坪山区石井街道工作委员会

顾　　　问　周岸标　薛陶涛

主　　　编　肖岳山

编　　　委　李　科　彭耀明　冯锦平　吴庆峰　叶伟雄

封 面 题 字　彭伟忠

章 节 题 字　强　薇

执 行 总 监　齐玲玲

监　　　制　龚志先　卢卫卫　刘冰云　谢宏中

文 字 主 管　徐舜希

撰　　　稿　肖永良　欧阳敏　齐玲玲

摄　　　影　齐玲玲　肖岳山　欧阳敏

航　　　拍　徐长春

内　　　审　徐舜希　唐兰燕

新媒体运营　杨　鑫

设　　　计　深圳市点石文化传媒有限公司

编　　　著　深圳市点石文化传媒有限公司

地　　　址　深圳市福田区田面设计之都 1 栋 3D

电　　　话　0755-82701682

微　　　信　发现城市之美

二 维 码

一扫解乡愁

图书在版编目（CIP）数据

发现城市之美．石井 / 肖岳山主编． -- 深圳：海天出版社，2018.10

ISBN 978-7-5507-2477-8

Ⅰ．①发… Ⅱ．①肖… Ⅲ．①区（城市）－概况－深圳 Ⅳ．① K92

中国版本图书馆 CIP 数据核字（2018）第 225900 号

发现城市之美·石井

FAXIAN CHENGSHI ZHI MEI SHIJING

出 版 人　聂雄前
责任编辑　刘翠文
责任技编　梁立新

出版发行　海天出版社
地　　址　深圳市彩田南路海天综合大厦（518033）
网　　址　www.htph.com.cn
订购电话　0755-83460202（批发）0755-83460239（邮购）
印　　刷　深圳市金丽彩印刷有限公司
开　　本　787mm×1092mm　1/16
印　　张　15
字　　数　200 千字
版　　次　2018 年 10 月第 1 版
印　　次　2018 年 10 月第 1 次
定　　价　96.00 元